都市报转型
与媒介价值重构

任媛媛 / 著

中国传媒大学出版社
·北京·

序

闻知任媛媛的博士学位论文即将出版,颇感欣慰。

当下,不断创新的科学技术正重构着人们的生活,许多过去无法想象的场景,如今已开始飞入寻常百姓家。在这场人类历史上前所未有的以互联网技术为基础和主要标志的技术革命中,各行各业都面临着冲击和挑战,面临着转型与变革的抉择,传媒业身临其中自然也毫不例外。

近年来,面对互联网等新媒体、新技术的冲击,传统媒体正在遭遇前所未有的"寒冬","转型"与"变革"已成为其摆脱困境的唯一选择。

从世界范围来看,互联网技术的发展不断催生着新的媒介形态和传播方式,这使得传媒业的转型与变革变得更加艰难,许多传统媒体在这一过程中由于受到夹击而败下阵来。作为发展中国家,我国传媒业的发展与西方国家相比呈现出阶段性、不平衡性、地域性等特征,这种国情也使得其转型变革之路呈现出新的特点,并带有鲜明的中国特色。

在我国传媒业的整体发展格局中,报纸作为党和政府宣传舆论工作的主阵地和主力军,具有举足轻重的地位和作用。因此,其转型变革不仅仅表现为单纯的市场竞争、优胜劣汰,还关系到其能不能发挥好作为党和人民耳目喉舌的重要的新闻宣传和舆论导向的作用。

近年来,对于传统媒体,特别是报纸,唱衰之风不绝于耳,相关研究有被边缘化的趋势。这一方面是由于互联网等新兴媒体方兴未艾,声势很大,作为新事物更容易引人注意,而报纸作为传统媒体总体上呈现下滑趋势,而且创新性研究难度较大;另一方面是有关报纸的研究与业界实践存在一定的脱节现象,造成经验总结多,前瞻预判少,许多研究成果不能解决实际问题,不被业界所看好。

在报纸行列中,党报和都市报尽管定位不同、目标受众各异,但二者却有着千丝万缕的联系。我国的都市报大多脱胎于党报集团,党报是母报,都市报是子报,党报"顶天",都市报"立地";前者掷地有声,后者春风化雨。两者相辅相成,相得益彰,其作用不可小觑。因此,虽然当下我国都市报的发展存在许多困难,但其如何实现转型、变革与发展,在整个新闻学术研究中依然是一个重大理论问题。

任媛媛在读博期间向我表示要把都市报作为其博士论文的研究对象,我一方面觉得有价值也有必要,希望她能知难而上,取得成效;但另一方面也担心她难有创新和突破,结果会出力不讨好。然而,当我看完论文的第一稿后,疑虑便消除了。

任媛媛的论文选择从都市报价值的视角入手,跳出了就转型谈转型的传统研究路径,回归到"报纸为何而存在"这一根本点上。我理解,"价值"即"关系"。一个事物的"价值",其实就是该事物存在的前提和意义,它要解决的是该事物与其作用对象之间的依存关系。报纸存在的价值就在于,它能够满足社会与公众的信息需求,从而构建起彼此间的相互关系。顺着这条思路我们会发现,在报纸转型研究中出现的很多令人眼花缭乱的所谓"创新"成果,往往是"隔岸观火"或"隔靴搔痒",没有抓住解决都市报问题的根本所在,其结果大多成了一厢情愿的自我欣赏。

论文中关于"报纸转型的本质是与用户关系的转型"的这一观点

颇有新意,它打破了一些都市报转型总是在内容上打转的怪圈,找到了一条从源头和根本上发现并解决问题的路径。"内容"在整个传播过程中处于核心地位,其在都市报转型发展中的地位当然重要,然而"渠道""终端"和"服务"等同样重要,而且可以说是现阶段都市报改革发展绕不开的问题,需要予以高度重视,统筹加以解决。

论文对都市报转型的路径和方法问题也提出了较系统的思路,即沿着"社区化"方向发展,打造"报纸生态圈",通过提供实体化服务增强与用户关系的黏度,在黏度基础上再逐步跟进内容。这种路径和方法其实与当下流行的互联网思维是一脉相承的,即"先圈地再跑马"。之前的都市报转型多属于"只跑马不圈地",它们或是不屑于做,或是做不到,在维持读者关系这个"圈地"的基础性工作上用力甚少。

虽然论文中提出的一些观点和设想还需要时间来检验并考察其效果如何,但任媛媛敢于探讨都市报转型变革难题的勇气让我感到欣慰。研究媒体转型变革实践,是当下学术研究应该坚持的方向,尤其是青年学者,更要把研究的重点放在认真总结转型期传媒业改革发展的经验和教训上,以便为其进一步深化改革发展提供理论支持,这既是一项研究内容,也是一份责任担当。

2012 年,任媛媛以全院第一名的成绩考入中国人民大学新闻学院。读博期间,她学习刻苦认真,肯钻研,有韧性,常常会生发出一些创新性思维。毕业后,她进入山东大学文学与新闻传播学院任教,同时进行博士后研究。作为她的博士生导师,我真心希望她能够以山东大学"文史见长"的深厚积淀为依托,以立于转型变革前沿并取得不俗成绩的齐鲁媒体为样本,扎扎实实做研究,兢兢业业搞教学,争取在新闻教育和学术研究方面获得双丰收!

是为序。

郑保卫

2016 年初于北京

目　　录

绪　论

报纸作为拥有最悠久历史的传统媒体,已然经历了广播和电视出现带来的两次重大挑战。这两次冲击都曾被认为是致命性的,然而报纸的生命力在适应与调整中得以延续,并在 20 世纪 90 年代,以都市类报纸的发展为标志,经历了为期十余年的繁荣。进入 21 世纪,第四媒体、第五媒体方兴未艾,唱衰传统纸媒——报纸——的声音不绝于耳:报纸的影响力呈现下滑趋势;报纸的经营收入总体份额不断缩减;报纸的青年读者和广告客户不断流失,老龄化趋势进一步增加;报纸采编人员向行业外的流动进一步加速等。

报纸作为传统的信息发布媒体,无法回避传统网络媒体和移动互联网媒体以及大数据的冲击。当新媒体掌握和分析海量数据,为用户提供更加专业化和个性化的"私人定制"服务时,报纸如何实现自身价值并实现价值增值? 掌握着相对固定读者资源的报纸,是否能够盘活这些资源,改变对网络媒体亦步亦趋的被动追赶?

本书以都市报为研究对象,从都市报价值的角度分析都市报转型,重点解决三个问题:第一,都市报转型的原点是什么? 第二,都市报进行了多年的转型实践,为何至今尚未有成功的模式? 第三,都市报未来发展的空间和转型路径在哪里?

当下,传统媒体特别是报纸的发展遭遇到前所未有的挑战。有观点认为报纸必定走向灭亡，也有观点认为报纸不会消失。其实，无论是哪种观点，都必须面对这样一个现实：报纸此刻还存在，但报纸的日子确实不如以前好过。但报纸不能因为将来要灭亡现在就"等死"，也不能因为暂时仍存在就"苟活"。中国人民大学新闻学院郑保卫教授多次在不同场合提到，报纸改革，不是"找死"，而是"找活"。对于报纸的现状而言，争论其寿终正寝的时间并没有意义，为其找寻活路更有价值。

"数字化转型""全媒体运营"以及当下的"媒介融合"热潮，都尚未形成相对成功的模式。报纸在转型发展中产生的认识上的误区和实践中遭遇的弯路，很大程度上归因于对自身价值的定位模糊，对未来媒体发展的脉搏把握不准。在转型发展的关键关口，报纸迫切需要对其转型原点有冷静的认知。

本书的研究对象是都市报。作为市场化程度最高、市场竞争力最强、社会影响力最广和发行量最大的报纸种类，都市报走在我国报纸转型的前端。

都市报既是我国传媒体制改革的先行者和排头兵，也是一方举足轻重的宣传舆论阵地，同时也是市民百姓日常接触最多的报纸种类，其社会属性和市场属性得到了较好的结合。

改革开放以来，我国历次报业改革背后都有都市报发展的推动，报业市场的繁荣也主要源自都市报的健康发展。都市报能否在报纸行业整体遭遇挑战的大背景下蹚出一条新路来，对各大报业集团的正常发展有着直接影响，对报纸行业的可持续发展有着深远影响，对党和政府做好宣传舆论工作有着重要影响。对都市报转型的研究，事关报业发展的未来和宣传舆论工作的大局，具有现实指导意义。

本书以都市报价值为切入点，探讨其转型，以都市报价值作为其转型的原点，澄清转型中的"误区"和"误读"，结合我国国情和都市报的现状,借鉴国外报业经验,寻找都市报未来发展的方向,提出适合我国都市报转型的具体路径和方法。

一、相关概念的界定

(一)都市报

本书研究的都市报,是广义上的都市报,即以城镇居民为主要受众、贴近生活、面向市场的综合性城市市民生活类报纸,包括以晚报、都市报、晨报、早报、时报、商报等名称命名的报纸。例如《广州日报》,虽然名为"日报",但其采用了都市报的办报理念,报纸风格也是都市报风格,因此归为都市报。狭义上的都市报,是指 20 世纪 90 年代后出现的以"都市报"命名的报纸,标志是 1995 年在成都创办的《华西都市报》,《华西都市报》开启了以此命名的都市报时代。

(二)转型

在《不列颠百科全书》中,转型(transformation)来自生物学上的"转化"概念,意指"微生物细胞之间的'裸露的'脱氧核糖核酸(DNA)形式转移遗传物质的过程"。[①]《现代汉语新词语词典》将转型解释为:"结构、体制和思想方面的改革和转变。"[②]

本书认为,转型是一种根本性的质变,是整体性变迁,不是局部性变化;是内部要素的重新组合,不是简单的重新排列;是一种化学反应,不是物理反应。在当下的媒体实践中,"转型"一词存在被滥用的情况,一些微不足道的局部性变化也常常被称为转型。

---

① 美国不列颠百科全书公司:《不列颠百科全书(国际中文版)》,中国大百科全书出版社 1999 年版,第 177 页。
② 《现代汉语新词语词典》编委会:《现代汉语新词语词典》,商务印书馆 2005 年版,第 874 页。

(三)全媒体

"全媒体"的概念首先出现于媒介实践范畴。上海交通大学姚君喜将全媒体分为广义和狭义两个层面。广义上的全媒体是指对媒介形态、媒介生产和传播的整合性应用;而从狭义上看,全媒体是指立足于现代技术的发展和媒介融合的传播观念,综合传统媒体与新兴媒体,在媒介内容生产、媒介形态、传播渠道和传播方式、媒介运营模式、媒介营销观念等方面的综合性运用。

(四)新媒体

关于"新媒体"相关概念的界定,有多种说法。中国人民大学匡文波认为,新媒体就是借助计算机(或具有计算机本质特征的数字设备)传播信息的载体。他认为,"新媒体"的提法稍显宽泛,更为严谨的表述应是"数字化互动式新媒体"。笔者认同这一说法,如手机就是新媒体。

二、本书研究方法与框架

(一)研究方法

本书主要采用质化研究的方法,其中包括问卷调查、内容分析、访谈法和对比研究。

问卷调查:对城市中的市民进行了问卷调查,了解他们的信息需求类型、信息获取方式、对报纸的态度,参与的市民涵盖公务员、商务人士、大学生、城市打工者、媒体从业者等群体。

内容分析:选取了目前中国报业最具活力的都市报中的若干样本进行内容分析,具体选取了北京《新京报》、广州《南方都市报》、上海

《东方早报》三份都市报,以报纸内容来源和原创能力两个指标衡量当前都市报的内容现状。

访谈法:对都市报的管理层和一线采编人员进行了访谈,了解他们在报纸转型中的工作状态和真实想法,听取他们对当前报纸转型的看法。

对比研究:选择了美国、英国、日本的典型报纸做对比研究和经验借鉴。美国、英国在数字化转型方面一直比较领先,而日本在构建报纸与客户之间的关系方面有着良好的传统。

(二)本书框架

本书总体上按照提出问题(是什么)、分析问题(为什么)、解决问题(怎么办)的逻辑思路展开,各章主要内容分述如下:

第一章对价值理论进行阐释,论述都市报价值的内涵和外延,纵向上对都市报价值的变迁进行历史性回顾,横向上对都市报价值的消解与重构进行分析。同时,通过分析报纸转型与都市报价值的有关"误读",探讨报纸的未来和报纸转型的本质。

第二章通过分析读者、报人、报纸内容,揭示都市报的现状和存在的问题。一方面解释读者离开报纸的原因,另一方面剖析对报纸所谓"内容优势"的片面认识。

第三章着重探讨目前都市报发展遭遇诸多挑战的原因,对融合的冲动进行反思。

第四章以三份报纸为切入口,对美国、英国、日本的报纸转型发展策略进行归纳,并从其国情和传媒发展历史的角度分析其各自采取不同转型策略的原因。继而,通过分析中国国情和中国传媒的发展环境,结合对国外经验的反思,提出中国报纸转型的总体策略。

第五章从宏观上对新闻业重塑和都市报变迁进行趋势分析,就亟须进行的组织结构、考核制度和人才使用等顶层设计问题提出具体的改革措施和建议。

第六章提出都市报转型的路径选择:以社区化思维为主导,围绕内容、服务、渠道、终端四个方面,走"纸、网、站"相结合的道路,实现报纸与读者关系的"圈对圈"转型,构建都市报生套圈。

第一章　都市报价值的本源与变迁

　　"价值论"或"价值学"起源于 19 世纪末 20 世纪初。德国哲学家洛采,新康德主义弗莱堡学派的文德尔班、李凯尔特等都试图将价值和评价问题置于哲学的中心地位来构造"价值哲学"。[①]　价值是整个价值哲学的逻辑出发点,"对价值本质的不同理解,就有不同的价值之哲学"[②]。都市报价值是影响都市报发展诸多要素中的核心要素,是都市报赖以生存和发展的根基。研究都市报价值问题,是对都市报生存理由及意义的追问,将从系统战略层面解剖分析都市报发展遇到的问题,并从根本上弄清都市报当下存在的意义和未来发展的方向。

第一节　价值的定义

　　研究都市报价值,首先应明确价值的概念。"价值是什么",至今仍是一个争论不休的问题。"价值"之于哲学,如同"道"之于老子,"仁"之于孔子,"绝对精神"之于黑格尔,"存在"之于海德格尔,属于核心概念。

　　从词源上说,在西方文化中,"价值"(value)一词源于古代梵文

[①]　孙伟平:《价值哲学方法论》,中国社会科学出版社 2008 年版,第 20 页。
[②]　张书琛:《西方价值哲学思想简史》,当代中国出版社 1998 年版,第 11 页。

wer(护栏、掩盖、保护)和 wal(围墙、掩盖、加固),拉丁文 vallum(堤)和 vallo(用堤护住、加固、保护)。后来的"价值"一词派生出"尊敬、敬仰、喜爱、珍爱"等意思。① 在历史和现实中,价值是一个常见而又普遍的概念,也是一个内涵宽泛、丰富的范畴。关于价值的定义一直存在着广泛的争论。

目前,价值的定义主要有三类:第一类是客观主义说,第二类是主观主义说,第三类是连接主观与客观的关系或效应说。学者孙伟平把一些具有代表性的价值定义进行归纳分类,分别是价值"实体说"、价值"属性说"或"功能说"、价值"观念说"和价值"关系说"。"实体说"认为价值就是具有价值的事物本身;"属性说"或"功能说"认为价值是客体固有的某些属性或功能;"观念说"认为价值是人类的一种精神或心理现象,是与人的兴趣、欲望、情感、态度、意向或规定等相关的东西;"关系说"认为价值是客体满足主体需要的关系。② 前三种观点,或陷入"纯客观",或陷入"纯主观"。

价值"关系说"的观点为我国许多学者所认同。学者张书琛提出:"价值是在人们对待自身需要与对象功能之间关系的活动中产生的一种对主体需要具有肯定或否定关系的功能属性。"③著名的价值哲学学者王玉樑指出:"哲学意义上的价值,本质上是客体主体化,是客体对主体的效应,主要是对主体发展、完善的效应。真正的价值,在于使人类社会发展、完善。"④"客体对主体生存的效应,是价值的初级本质;客体对主体发展完善的效应,是价值较深层次的本质;客体对社会主体

---

① 中共中央马克思恩格斯列宁斯大林著作编译局:《马克思恩格斯全集第 26 卷》,人民出版社 1974 年版,第 327 页。

② 孙伟平:《价值哲学方法论》,中国社会科学出版社 2008 年版,第 67—72 页。

③ 张书琛:《探索价值产生奥秘的理论——价值发生论》,广东人民出版社 2006 年版,第 193 页。

④ 王玉樑:《价值哲学新探》,陕西人民教育出版社 1993 年版,第 167 页。

发展完善的效应,是价值的更深层次的本质。"①

学者袁贵仁也认同"价值是主体和客体之间的一种基本关系"这一概念。"价值不是主体,也不是客体;价值离不开主体,也离不开客体;价值存在于主客体相互作用之中,是一种关系范畴,而不是实体范畴。"②

学者李德顺在价值"关系说"的基础上进一步提出了价值"实践说","它首先承认价值是一种关系现象,指出价值是作为一种特定的'关系态'或'关系质'而产生和存在的;进而指出价值的客观基础,是人类生命活动即社会实践所特有的对象性关系——主客体关系,价值是这种关系的基本内容和要素;价值产生于人按照自己的尺度去认识世界、改造世界的现实活动;价值的本质,是客体属性同人的主体尺度之间的一种统一,是'世界对人的意义'。"③李德顺提出了这样的价值概念:"'价值'是对主客体相互关系的一种主体性描述,它代表着客体主体化过程的性质和程度,即客体的存在、属性和合乎规律的变化与主体尺度相一致、相符合或相接近的性质和程度。"④

总之,"凡是与主体本性、目的、需要、能力等相一致、相适应、相接近的客体内容,就是有价值的,或有正价值的;凡是与主体本性、目的、需要、能力等不相一致、不相符合、不相接近的客体内容,就是没有价值的,或者更准确地说,只具有负价值"。⑤

以上论述为我们认识"价值是什么"提供了一个思路:第一,应从

---

① 王玉樑:《21世纪价值哲学:从自发到自觉》,人民出版社2006年版,第152页。
② 袁贵仁:《价值观的理论与实践——价值观若干问题的思考》,北京师范大学出版社2006年版,第16页。
③ 李德顺:《价值论——一种主体性的研究》(第3版),中国人民大学出版社2013年版,第29页。
④ 李德顺:《价值论——一种主体性的研究》(第3版),中国人民大学出版社2013年版,第53页。
⑤ 孙伟平:《价值哲学方法论》,中国社会科学出版社2008年版,第77页。

人(主体)的需要来认识价值;第二,应从对象(客体)的存在和素质(或称属性)与人(主体)需要的相互关系中去理解价值。一个社会的存在物之所以存在,必要条件就是"主体客体化",并在主客体的相关关系中具有意义。否则,这一社会存在物就没有生存的意义。

第二节　都市报价值的内涵与外延

价值存在于主客体之间的关系中,这种关系是价值得以产生的基础和前提。一切媒体价值存在的基础也是关系,即媒体与其用户之间的关系。不同媒体的价值由其各自独特的传播介质所决定。报纸的价值存在于报纸与读者之间的关系中,电台的价值存在于电台与听众之间的关系中,电视的价值存在于电视与观众之间的关系中。报纸的价值是以文字为介质而构建起的报纸与读者的关系,电台的价值是以声音为介质而构建起的电台与听众之间的关系,电视的价值是以图像和声音为介质而构建起电视与观众之间的关系。互联网的出现,把文字、声音、图像等多种传播介质融为一体,改变了简单的"传者—受众"的单向传播模式,形成了"传者—用户"的双向传播模式。传统媒体纷纷借力互联网,以媒介融合的方式跨界传播,传统时代读者、听众、观众的界限逐步淡化,用户成为媒介融合时代的主体。

一、关系基础上的都市报价值

对都市报价值的探讨应该在读者(用户)主体性和都市报客体性的关系中进行。所谓"都市报价值",其价值主体是读者,价值客体是都市报,二者通过符合都市报范式的介质(文字、图像、声音等)建立起稳定紧密的关系。它是读者(用户)的需要期待与都市报自身属性的统一,或者说是都市报的特殊性质满足了用户的需要期待。作为社会主体的用户有选择评价的自由,具有独立的价值判断和价值选择,是都市报价值的决定者和主导者。都市报及其独特属性在多大程度上契合读者(用户)的需要和期待,决定了都市报是否具有价值及具有多大的价值。

都市报价值体现在为满足读者(用户)需求,以都市报为载体并提供相应的信息内容和服务上。其价值存在的基础就是立足于满足用户需求而与其建立的较为紧密稳定的关系,其核心价值是内容,其延伸价值是服务、渠道、终端。对于都市报核心价值是内容这一观点,学界和业界都已认可。但对于其延伸价值及其与核心价值的关系,认识尚未明晰。报纸内容固然重要,但仅仅抱着内容这个核心价值,是不能正确认识都市报价值的丰富意义的。"而在这其中,内容尤其是新闻内容也许是同质性最高、不可替代性最弱的一个要素,如果内容不能与其他要素打通、融合,而只是作为一个孤岛存在,那么它的影响力的释放就会受到很大限制。"①就像"木桶理论"所言,决定木桶盛多少水的,并不是由最长的那块板,而是由最短的那块决定的。作为都市报核心价值的内容就是那块长板,其延伸价值就是短板。延伸价值事关都市报的生存问题,核心价值事关都市报的发展问题。无论是核心价值还是延伸价值,都必须紧紧围绕用户关系这个中心服务。

二、都市报价值的特征

价值作为人类社会中的一种普遍现象,以"主体的尺度"为本性,来源于客体,取决于主体,主体性是价值的根本性质。同时,价值还具有多元性特征:同一客体对不同的主体有不同的价值;同一客体对同一主体的不同方面有不同的价值;同一客体对同一主体的同一方面,在不同的时间也有不同的价值。此外,价值只有同某个时代人们的某

---

① 彭兰:《再论新媒体基因》,《新闻与写作》2014年第2期,第7页。

种需求相联系,成为人们需求的对象,它才能成为价值,这便是价值的时效性特征。

(一)都市报价值的主体性

"价值作为一种特定的主客观关系,其特别之处就在于它是以主体(人)尺度为尺度,依主体(人)不同而不同、变化而变化的,具有鲜明的主体性。"①

都市报价值的主体是都市报的读者。都市报价值以读者这一主体为中心,以读者的立场、尺度为标准加以衡量。读者的主体性并不意味着需求、立场、尺度的不可捉摸。都市报读者这一主体的客观性在于,任何读者都不是生活在真空里,而是各种社会关系的总和,其需求、立场和尺度是人的一般本性和历史变化着的、社会的本性的统一。

都市报对读者是否具有价值、具有什么样的价值,读者能否恰当地评价这种价值,应该如何实现这种价值,都与读者自身相关。读者主体及其结构、地位、规定性、能力等因素对价值、评价、选择、创造具有决定性意义。由于读者主体及其本性、目的、需要与能力都处于发展着的历史进程当中,并具有永不满足现状的超越性,因而都市报价值及其相应的评价、选择、创造也是不断变化发展的。

在认识都市报价值的过程中,容易出现的一个问题便是价值主体的混乱和错位。都市报的记者、编辑常常不自觉地按照自己的"好恶"标准去选择、评判并创造都市报的内容,例如报社内部每天都会评选好稿、好版。但是在很多时候,记者、编辑们自我感觉不错的新闻,读者却并不买账。

(二)都市报价值的多元性

都市报价值的多元性来源于价值主体——读者——的多样性。

---

① 孙伟平:《价值哲学方法论》,中国社会科学出版社 2008 年版,第 197 页。

读者作为都市报价值的主体并不是"铁板一块",按照年龄、性别、职业、学历、民族、信仰、收入水平等标准,他们可以被划分为若干层次,各个层次之间又有着交集。都市报价值是面对着由不同层次、不同利益、不同能力、不同需求的读者构成的价值主体而存在的,面对不同群体,都市报价值是不同的。例如,在都市报读者中,公务员群体更关注政治新闻,而商人群体则对经济信息更感兴趣。两个群体的信息需求不同,都市报对两者而言价值也不同。

诚然,都市报是为满足读者群体的"最大公约数"的需求而存在的。这个"最大公约数"的需求来源于社会发展变迁中市民阶层的逐步形成和稳定,同时,"最大公约数"的需求也并不是恒定不变的。随着经济的发展和互联网的普及,以市民阶层为帷幕掩盖着的不同群体的各异需求进一步放大、分化,导致读者主体不断裂变,这就使得都市报比以往更难满足"最大公约数"的需求,所以读者群体的流失是必然的。因此,都市报完全没有必要为读者群体的流失而懊恼,而是认识读者主体的多元性,从而重构"最大公约数"的需求。

在互联网发展的催化下,读者主体多元性的加速裂变宣告了都市报"大众传播"时代成为过去时,但这并不意味着都市报的消失。正如同汽车的普及并未完全取代自行车一样,很多家庭二者兼有,自行车从交通代步工具转变为骑行休闲工具。都市报需要摆脱"大众"的定位,努力在"大众"和"窄众"之间寻求一个平衡点,这个点就意味着要对读者主体做出取舍。

都市报应该摆脱力图覆盖更多读者群体的定位,缩小读者主体的范围,聚焦目标读者的特征需求,充分利用读者群体的流失,重新聚集新的读者主体。聚焦并不意味着都市报发行量的下滑,有时候反而会带来发行量的提升。打个比方,一辆有 30 个座位、在 10 个站点停靠的公交车,运行一圈的时间大约是 1 小时。经过改造,该公交车只在 5

个站点停车,运行一圈的时间缩短为 30 分钟。改造后的公交车的乘客数量不一定比改造前少,一些在乎时间的乘客会选择速度占优的线路。该公交车在站点便利和运行速度之间所做的平衡,看似放弃了一部分站点的乘客,但另一方面这种做法却吸引了更多赶时间的乘客。

(三)都市报价值的时效性

"价值的时效性是指,每一种具体的价值都具有主体的时间性,随着主体的每一变化和发展,一定客体对主体的价值或者在性质和方向上,或者在程度上,都会随之改变。"①以蜡烛为例,在没有电的时代,它作为照明工具而存在;有了电以后,蜡烛照明的价值发生改变,成为酒吧、餐厅制造浪漫氛围的装饰点缀。同样是释放光线,从照明转向了美化,这是蜡烛价值的转变,也是蜡烛价值时效性的体现。

价值的时效性决定了价值具有重塑性。一种能满足特定时间内主体需要的价值,在脱离了特定的时间和主体的需要后,就转化成了一种具有一定功能的事实。该事实具有与多种主体需要再次结合的可能,可能再次参与到主体需求中,从而具有再次实现价值重塑的可能性。

从价值理论的视角看,报纸起源于资本主义萌芽时期人们对商业信息的原始需求,报纸的发展源自资产阶级经济力量的不断壮大,资产阶级对政治权利的渴望以及人们对自由、民主、平等的追求,政党报刊是其典型代表。大众化报刊的出现,标志着资产阶级对政治的热情开始转向对经济和生活方面的信息需求。报纸的价值在这一过程中,随着读者在不同时代的需求而不断发生变化。

基于读者主体能力和信息需求的变化,都市报价值同样具有时效

---

① 李德顺:《价值论——一种主体性的研究》(第 3 版),中国人民大学出版社 2013 年版,第 66 页。

性和重塑性。一方面,互联网的出现赋予了读者选择信息和互动反馈的权利,读者从被动的信息接受者成为主动的信息传播者,实现了由受众到用户的转变。另一方面,随着社会转型的加快和社会阶层的细化,读者群体日益发生分化,"大锅饭"的口味不再能够满足读者个性化的口味和需求,具有定制性质的"精神食粮"成为必然选择。都市报价值中的精髓部分能否适应读者需求的变化,通过重塑形成新的价值,将决定都市报的未来。这种"精髓"能否成为价值、成为什么样的价值,还在一定程度上取决于我们对待和塑造它的活动方式。正如黑格尔所言,"这种传统并不仅仅是一个管家婆,只是把她所接受过来的忠实地保存着,然后毫不改变地保持着并传给后代",它也"不是一尊不动的石像,而是生命洋溢的,有如一道洪流,离开它的源头愈远,它就膨胀得愈大"。①

三、都市报价值的消解

移动互联网时代,新媒体以免费的海量信息、用户的选择自由度、携带的便捷性对都市报造成了较大的冲击:被都市报视为核心价值的内容开始免费、无门槛地进行传播;原本具有多元化需求的读者在融合平台上获取了信息选择权、发布权、解释权,享受到精准化、社区化的服务。都市报与读者通过内容而构建起来的价值关系,随着内容平台的转移而迅速消解,衰减成一种被动的、间断的弱关系,而新媒体与用户之间具有相对稳定和持续的强关系则开始构建。都市报价值衰退的过程,恰恰是以互联网为代表的新媒体价值递增的过程。

(一)人的主体性要求

人作为社会性的动物,其主体性是现代人最重要的特性之一。自

---

① 〔德〕黑格尔:《哲学史演讲录第一卷》,贺麟、王太庆译,商务印书馆1997年版,第8页。

由既是对人本质的终极界定,也是人的主体性的最高表现形式。新闻业的基本功能是满足人类对未知信息的需求,这种满足的走向应该是信息获取门槛越来越低,而人在获取过程中享有的自由度越来越高。

信息获取的门槛既有经济层面的,也有技术层面的(便捷性)。媒体的发展历程表明了该门槛不断降低的规律:从对识字有要求的报纸到只需要听得见的电台,从看得见的电视到点击鼠标的互联网,再到微博、微信等自媒体。报纸的进化历程也体现出门槛不断降低的规律:从小范围传送的手抄报进化到大范围发行的印刷报,从固定人群的政党报刊进化到面向普通人们的大众报纸,乃至免费报纸。在信息获取门槛不断降低的过程中,人的自由度和主体性越来越大,从被动的“受教育者”变成了可以自由发声传播的“主人翁”。尽管“主人翁”的存在感有时候是虚拟的,但对此存在感的渴求却符合人的本性。

以互联网为代表的新媒体在不断降低信息获取门槛的同时,不断放大着用户的“主人翁”感觉。原本作为都市报核心价值的内容开始免费传播,都市报与读者之间基于内容而建构起来的稳定关系被打破。互联网搭建的平台赋予原本就有着多元化需求的读者以信息的选择权、发布权、解释权,并提供了精准化、社区化的服务,使读者群体开始分化。以社交媒体为代表的新媒体成为现实社会的虚拟存在,比传统媒体所构筑的拟态环境更加真实、广泛和互动。随着内容转移至互联网平台并被附加“海量”“免费”“互动”等多种特性,都市报主要依靠内容而构建起来的与读者之间的价值关系迅速瓦解,网络与从传统媒体争取来的用户的新的价值关系开始构建。都市报价值衰退的过程,恰恰以是互联网为代表的新媒体价值递增的过程。

(二)现实影响因素

由西方商业报纸主导的市场新闻业一般同时是在受众市场、资本市场、广告市场、新闻来源市场进行新闻资源交易。① 与西方商业报纸类似，我国都市报只有在读者市场、广告市场、新闻来源市场和资本市场共存的基础上才会产生。其中，都市报价值的决定因素是人，即都市报的读者。此外，从都市报发展的历史来看，它还要受到政治、市场、技术、文化等因素的制约。这些因素通过各种方式作用于人，进而影响都市报的价值。在不同的历史阶段，这些影响因素的作用并不相同。

一是政治环境。在中国，政治对媒体的控制有着悠久的历史。在漫长的封建社会时期，中国一直是一个高度集权的国家，政治对媒体的影响往往表现为直接的行政干预或暴力干预。例如 1913 年癸丑报灾发生时，很多报纸就被迫停刊。

而在新中国成立后，都市报的两次发展和一次消失，都受到了政治的直接影响。当前，党管媒体的原则没有动摇。

二是市场经济。市场经济是都市报价值产生的源头。都市报的读者，是在市场经济条件下形成的市民阶层。都市报的价值建立在与其读者之间的关系上。此外，与党报不同，都市报直接面向市场发行，其受众群体作为碎片化的个体存在，其赢利模式依靠市场经济的支撑。

1978 年后，晚报的出现与繁荣以及后来都市报的崛起，其根本推动力是市场经济的不断发展。通过资源的自由配置，社会阶层实现分化与流动，相应的利益诉求和精神需求也愈发多元。多元化的需求对处在成长期的都市报意味着巨大的市场空间，但当都市报为满足读者需求而固化成一个相对稳定的模式时，面对市场经济推动下多元化需求的不断膨胀，能否快速适应读者需求的变化就成为都市报价值存在

---

① 参见〔美〕约翰·麦克马纳斯：《市场新闻业：公民自行小心？》，张磊译，新华出版社 2004 年版，第 17—18 页。

的关键。与此同时,市场经济对都市报内容价值的独立性和客观性的侵蚀也显而易见,这也在一定程度上导致了都市报公信力的下降。

三是科学技术。媒体的发展史是一部技术进步史。从手抄报到印刷报刊,从电台到电视,从互联网到移动互联网,每一次新的媒介形态的出现都源自科学技术的突飞猛进。同时,每一种传播介质都要依附于物质载体而存在,如文字与纸、声音与收音机、图像与电视机、互联网技术与电脑、移动互联网技术与手机等。现代报纸的起源受益于金属活字印刷技术的出现,报与纸得以结合。随着互联网技术的日益普及,新闻信息先后实现了与电脑、手机的结合,也使得互联网媒体和移动互联网媒体应运而生。互联网技术对都市报而言,既是机遇也是挑战。只有利用科学技术,不断拓展自身形态,重构价值要素,都市报的价值才能涅槃重生。

四是文化发展。市民文化是都市报价值存在的文化基础。市民文化以市场经济为基础,伴随着城市的出现而兴起。新中国成立之前,中国一些大城市的所谓市民文化从根本上讲还是一种精英文化,这从当时报纸上刊登的学者名流的文章就可见一斑。20 世纪 90 年代初期,随着社会主义市场经济体制的确立,市民文化得以迅猛发展。互联网的出现使市民文化出现了新的变化,定制化、便捷化、服务化成为新趋向。

创刊于 20 世纪 70 年代末到 80 年代间的一批都市报,虽然面向市场而生,但骨子里仍带有精英文化的痕迹,这种痕迹经过 90 年代市场经济的洗礼逐渐消去。当下,都市报自身的市场主体地位已逐步确立,一方面需要以市场为导向,实现跨越式发展;另一方面,都市报肩负着舆论引导、社会协调的责任,必须以高品质、高品位的内容引领市民文化,促进文化的繁荣发展。

第三节　都市报价值的变迁历史

现代意义上的报刊起源于西方,是资本主义经济发展的产物。在西方报业发展历程上,特别是经过报纸大众化时期,西方报纸朝着两个方向发展:高级报纸(quality press)与大众报纸(popular press)。以《纽约时报》《泰晤士报》《卫报》等为代表的高级报纸面向受过良好教育、有教养的中产阶级;以《纽约每日新闻》《太阳报》《每日邮报》等为代表的大众报纸读者则面向教育程度较低的工人阶级。高级报纸以刊登时政、经济等硬新闻和评论为主,内容有深度,格调高雅;大众报纸则以刊登社会新闻为主,图片较多,格调相对通俗。

国人创办的近现代报刊受到外国人在华办报的直接影响。从 19 世纪 70 年代到 20 世纪 50 年代初,中国的商业报纸一直是报业市场的主力军。

一、都市报价值的源头

中国的商业性报刊萌芽于政党报刊出现之后,并与政党报刊长期共存。西方的商业性报纸建立在资本主义市场经济的基础上,在半殖民地半封建社会的经济基础上产生的中国商业报纸具有明显的中国特色。近代中文商业报纸属于精英报纸,单单一个识字率就让多数平民大众与之绝缘。如果严格按照西方廉价报纸的标准进行衡量,那么即使是影响力很大的《申报》也很难与西方廉价报纸相比。

(一)近代中国商业报纸的缘起

在中国报业发展史上,政党报纸和商业报纸的区别比较明显。在商业性报纸中曾经出现过高级报纸和大众报纸的雏形,但它们之间的界限并不是特别分明,其中只能依稀可寻都市报的痕迹,这也是都市报价值产生的源头。高级报纸如《大公报》《申报》，虽然创办的初衷不同，但在发展中都不断追求政治上的影响力。大众报纸如北京的《京话日报》、上海的《世界晚报》，虽然有一定的政治抱负，但更倾向于服务市民。当时虽无都市报这一具体名称，但这些报纸确实以市井百姓为主要读者对象，走市场发行的途径，内容以政治、经济新闻和社会新闻为主，主要集中在北京、上海等经济发达城市。如彭翼仲创办的《京话日报》采用白话文编写，价格也便宜，深受市民阶层的喜爱，"都下商家百姓于《京话日报》则尤人手一纸，家有其书，虽妇孺无不知有彭先生"①，成为北京第一个销售量超过一万份的报纸。

作为都市报发展源头的近现代商业报刊，创办之初只是作为外文商业报刊的中文版。中国最早的商业报刊都是由外国人创办的，后来这些报刊陆续被中国人接手。同时，国人也模仿创办了一批商业性的报刊。此时，中国传统知识分子"救亡图存"的责任感和使命感开始发挥作用，这些商业性报刊成为文人"以报救国"和商人"办报挣钱"的结合体。"宗教报纸重在宣传，不在赢利，常免费赠阅；以往商业报纸旨在利用报纸宣传，为主人所从事的商业贸易赢利，主要不在报纸本身赚钱。商业报纸中出现以办报直接赚钱的《申报》标志着在华外商中文报纸开始了一个新的阶段。《申报》是中国新闻史上第一家以赢利为目的的商业报纸。"②1872 年 4 月 30 日创办的《申报》开启了中文商业报纸的新时代。很快，上海《新闻报》成立。《申报》与《新闻报》成为中国商业报纸的典型代表。民国期间，还出现了商业报团的雏形，如成舍我的世界报系、南京新民报系、新记大公报系以及"四社"等。

从清末到民国时期，当时的报界也有大报、小报之分，小报的称谓有着专门涵义。在近代以来的报刊史中，最早提出"小报"一词的是

---

① 李孝悌：《清末的社会下层启蒙运动 1901—1910》，河北教育出版社 2001 年版，第 20 页。
② 吴廷俊：《中国新闻史新修》，复旦大学出版社 2008 年版，第 43 页。

1917 年姚公鹤发表的《上海报纸小史》,文中提及"戏报、花丛报,普通名之曰小报"①。戈公振指出了小报在外形上区别于大报的特征,"与大报副张颉者有小报,以其篇幅小故名"②。1934 年,国民党中央宣传委员会发布了《解释取缔小报标准》,指出"所称小报,系指内容简陋,篇幅短少,专载琐闻碎事(如时人轶事、游戏小品之类),而无国内外重要电讯记载之类报纸"③。由此可见,当时的小报主要是指以休闲性为主的小型报纸。目前,一些人沿袭过去称谓,称都市报为"小报",这是不科学的。

半殖民地半封建社会的中国并不具备报纸充分发展的政治、经济和文化条件,军阀割据混战、交通不便、工业基础薄弱、城市规模小、市民阶层人数少、受教育人群比例低等一素列因素限制了报纸的进一步发展。以《申报》为例,19 世纪末该报已成为上海发行量最大的报纸之一。1889 年,它的发行量仅为 6000 份,而当时上海的总人口为 108.7万人,即使以每份报纸 5 人的传阅率计算,《申报》覆盖的人口也仅有 3万。《申报》曾就 19 世纪各界对报刊的态度进行过分析:"官场对报纸的意见恐以发其覆也,则深恶而深忌之;学界平时视报纸供消遣,作谈资而已,所留心者考试时之试题及榜案而已;工商界对报纸的论说视若无睹,稍能读报者,不过喜看盗案、奸淫案之类新闻;农民则不知有所谓报纸也。"④

(二)近代中国商业报纸价值的形成与发展

当西方报纸开始讨论资本的时候,中国的报纸更多的还是在讨论政治。西方进入了政治平稳期,经济是人们关注的中心话题,而与此

---

① 姚公鹤:《上海报纸小史》,《东方杂志》第 14 卷第 12 期,第 190 页。
② 戈公振:《中国报学史》,岳麓书社 2011 年版,第 207 页。
③ 《解释取缔小报标准》,《申报》1934 年 1 月 16 日。
④ 《论阅报者今昔程度之比较》,《申报》1906 年 2 月 5 日。

同时,中国的政局则比较动荡,军阀割据,政治仍然是热门话题。然而,人们厌倦了政党报纸不择手段的相互攻击,从内心期待能有一种相对中立的报纸出现。这里的"人们"并不是指那些尚挣扎在生存线上的劳苦大众,对他们而言报纸还比较遥远,"人们"主要是指中国的精英人群,是以知识分子为首,民族工商业者、城市个体工商户、城市市民构成的群体,他们与政党保持一定的距离,追求经济独立且不排斥商业。因此,近现代的中文商业报纸以市场为导向,面向精英人群,满足他们政治、经济、文化等方面的需求。

报纸集中之地,必然是报业竞争激烈之地。中文商业报纸从诞生的第一天起,就是为满足社会需求而生,走的是市场发行的路子。自19 世纪 60 年代至新中国成立前,上海一直是全国商业报纸的中心。"单纯从发行量上讲,报业比较稳定的 20 世纪 30 年代,上海报纸的发行量占中国报纸发行总量的 50％以上。"①为了抢占市场,挖人才、搞人身攻击、抢消息、控制发行、抵制扩张等手段都被用过。20 世纪 30 年代,天津《大公报》进军上海,发行之初在报摊上根本看不到这份报纸,原来是报贩将报纸全部买了下来以抵制其面市。后来,胡政之请杜月笙出面宴请了上海各大报纸的老板和大报贩之后,《大公报》才在上海站住脚,市场竞争手段可见一斑。因此,"市场"二字自始至终都流淌在近现代中文商业报纸的血液中,这也就决定了肇始于此的都市报天生具有强烈的读者意识和市场敏感性。

中国民族工商业在帝国主义和封建主义的夹缝中顽强发展,新型市民阶层对新闻信息的需求不断增加,中文商业报纸在办报上不断提升新闻业务、回归新闻本位、遵循新闻规律,新闻专业主义的操作规范在中国落地生根,为后来的都市报提供了办报样本。"申、新两报都按企业的方式来经营,在市场竞争中求发展。首先是争取广告份额……

---

① 王润泽:《中国新闻媒介史(1949 年前)》,北京大学出版社 2011 年版,第 213 页。

其次扩大发行……再次是增设专刊、增刊扩展内容,朝着更加综合化的方向发展……最后是更新设备。"①《申报》还扩大业务范围,开展系列服务活动,建立《申报》流动图书馆,开办《申报》新闻函授学校,成立《申报》业余补习学校等。这些服务活动即便放到当下的办报实践中也不落伍,甚至很多措施是当前报纸也未曾涉及的。报纸的专业化操作、多元化经营其实早在《申报》时代就已经开始了。

中文商业报纸在当时政党报刊一统天下、不断堕落的格局下,以文人论政的勇气和抱负进行商业化运作和探索,为当时的民族工商业者、知识分子、城市市民等阶层群体提供了一个相对独立的观察社会、表达意愿的窗口和平台,畅通了他们的意见渠道,丰富了他们的精神生活。1941年5月,《大公报》获得美国密苏里大学新闻学院颁发的奖章,张季鸾在社评《本社同人的声明》中说:"中国报,有一点与各国不同。就是各国的报是作为一种大的实业经营,而中国报原则上是文人论政的机关,不是实业机关。这一点,可以说中国落后,也可以说是特长……以本报为例,假若本报尚有渺小的价值,就在于虽按着商业经营,而仍能保持文人论证的本来面目。"②

从19世纪70年开始出现的商业报纸在新中国成立后走到了尽头。高度计划经济体制下,商业报纸的价值基础被彻底瓦解。然而,中文商业报纸所体现出的文人论政与商业化运作的结合,是中国传统知识分子家国情怀与西方自由主义新闻思想的一次对接,起到了一定的思想启蒙和文化普及的作用,推动了中国社会的进步,也为中国后来的报纸确立了一些具有深远影响的新闻专业主义规范和标准,为办报留下了一笔宝贵的财富。

---

① 吴廷俊主编:《中国新闻事业史》,武汉大学出版社2009年版,第109页。
② 《本社同人的声明》,《大公报》1941年5月15日。

二、都市报价值曲折的回归与迸发

商业报纸价值的瓦解并不意味着生命的终结,一旦有合适的土壤,它就会再次聚集萌芽,快速成长。市场经济是一种具有较高资源调配效率的经济形态,它的出现是不以人的意志为转移的。市场经济一旦出现,商业报纸便会卷土重来,即使换了面貌,但骨子里以市场为导向、以受众为中心的核心不会改变。

新中国成立后,都市报经历了两个快速发展时期:第一个时期是1956年到1966年,新中国的第一次新闻工作改革展开,在此期间一批晚报纷纷创刊;第二个时期是1978年改革开放至20世纪90年代,这一时期许多晚报相继复刊或创刊。

(一)新中国商业报纸的终结与首次回归

1949年后,随着人民民主政权的建立,剥削阶级被消灭,"国家—民间精英—民众"的三层结构变成"国家—民众"的二层结构,精英群体经过改造划入了人民的范畴,国家直接面对民众,商业报纸原本赖以生存的精英读者对象消失了。[①] 国家参考苏联体制进行社会主义改造,迅速建立起计划经济体制,商业报纸所依靠的市场经济也不复存在。同时,"党报模式"在新闻界的迅速扩展,使商业报纸走向消亡成为必然。"它的生存和发展场域,需要一定的社会控制的宽容度、自由度和市场经济基础。这显然与解放初期总体性社会所要求的以传者为中心、以宣传为本位的社会动员与整合工具的要求不相符合,也与当时的总体性社会所能提供的报纸生存场域或生态环境格格不入,更与'党报模式'难以吻合。"[②]

① 中国战略与管理研究会社会结构转型课题组:《中国社会结构转型的中近期趋势与隐患》,《战略与管理》1998年第5期,第2页。
② 吕尚彬:《中国大陆报纸转型》,上海交通大学出版社2009年版,第54—55页。

新中国成立后,报纸纳入了政府的统一管理,之后经过社会主义改造,新中国成立前的商业报纸或合办或停刊,或改组为公营报纸。1949 年 10 月 19 日,新闻总署成立,负责领导全国的新闻事业。1952 年 2 月,新闻总署撤销,由宣传部门直接领导新闻事业。新中国成立初期,我国的晚报主要有两家:上海《新民报》晚刊和天津《新生晚报》。20 世纪 60 年代初期,晚报获得较大发展,许多省会城市的市委机关报由日报改为晚报,如长沙、南宁、郑州、西安、沈阳、成都、合肥、南昌等地。"这个时期,除了解放前创办的《新民报》晚刊(后改名为《新民晚报》)和天津的《新生晚报》(后改为《新晚报》《天津晚报》)外,《羊城晚报》《北京晚报》陆续创刊,接着有《长沙晚报》《西安晚报》《南昌晚报》《武汉晚报》《郑州晚报》等晚报陆续出版。这期间还先后召开了两次全国晚报工作座谈会。"①由日报改成的晚报,仍是市委机关报,肩负着日报的任务,同时又需要有晚报的特点和风格。1966 年,《北京晚报》因刊登邓拓的《燕山夜话》被打成反党报纸,波及全国,导致全国晚报停刊。

在 1956 年进行的新闻改革中,一批晚报创刊。这次改革以《人民日报》改版为牵头,以加强新闻专业主义、注重新闻本身的规律和特性为核心,对新中国成立后照搬苏联办报经验的进行了深刻的反省与改正。在这次改革中,商业报纸的部分价值得到短暂回归,尽管市场经济的环境不再,但读者的需求仍然存在,而且十分强烈。《新民报》晚刊提出了改进报纸工作的三个口号:"短些,短些,再短些;广些,广些,再广些;软些,软些,再软些。"这三个口号恰恰说明了当时占主导地位的新闻篇幅太长,报道范围太窄,报道内容太硬,读者渴望有一种不同于党报面孔的报纸出现。《新民报》晚刊开设各类市民感兴趣的栏目,吸引城市家庭的不同成员,一个月之内发行量就由改版前的 2 万份跃

---

① 白润生:《中国新闻通史纲要》(修订本),中央民族大学出版社 2004 年版,第 481 页。

升至 9 万份,近一年时间又增加到 14.5 万份。① 《新民报》晚刊发行量的上涨证明了读者多元化需求的客观存在。但这时晚报的定位仍是党的宣传系统中用于"补日报之不足"的一个重要舆论阵地。

(二)商业报纸再度回归

1978 年改革开放后,商业报纸再度回归,以复刊、创刊的大批晚报为代表,以"填补调剂"的功能建构了自身价值。1978 年 12 月 18 日,党的十一届三中全会召开,会议确定将党和国家的工作重心转移到经济建设上来,新闻媒体的工作重心也需要转移到宣传和反映经济建设这个中心工作上。1979 年,中宣部召开全国新闻工作座谈会,会议上探讨了如何将新闻工作的中心转移到社会主义经济建设上来。以此为契机,一系列新闻改革陆续展开,报纸开始回归新闻本位。此时我国报业结构的突出变化是晚报的崛起与繁荣。1979 年 11 月,《南昌晚报》率先复刊;1980 年 2 月,《北京晚报》《羊城晚报》复刊;1982 年 1 月《新民晚报》复刊。到 1989 年,全国已有晚报 43 种,全国省会城市均有了自己的晚报。

"从 50 年代中期直到 80 年代的改革前,中国社会的中间阶层主要由三部分人组成的:普通干部、普通知识分子和国有企业职工。"② 当时所谓的"市民"也主要以这三部分人为主,但都处在单位组织下,缺乏真正的独立性和自主性,称他们为城市居民更为合适。

改革开放后,城市人群从原来单一的阶级划分走向多元的阶层划分,人们在经济地位、身份认同、文化素养等方面的差异撕开了单一的阶级掩盖,并开始裂变、放大,受众的文化休闲需求表现得更加强烈。有需求,就有满足。在党报、机关报为主体的一元报纸结构中,新出现

---

① 方汉奇:《中国新闻事业通史·第三卷》,中国人民大学出版社 1999 年版,第 168—183 页。
② 李强:《转型时期的中国社会分层结构》,黑龙江人民出版社 2002 年版,第 81 页。

的晚报以"灯下客""精神伴侣"的精准定位,通过社会新闻、文化新闻、体育新闻以及副刊为支柱的"三新一刊"的内容生产架构发挥了很好的"填补调剂"功能,都市报价值得以回归。这期间内的晚报不仅承袭了 1949 年前商业报纸的传统,而且顺应了当时新闻改革的潮流。"任何时候,只要现在的传播机构长期忽视了大批民众,那么最终总会有人设计出新的机构来满足这一需求。"①

与 20 世纪 90 年代崛起的都市报相比,20 世纪 80 年代的晚报似乎还不算完全意义上的中国大众化报纸,尽管个别晚报的发行量已突破百万。因为在 80 年代,市场经济改革正在"摸着石头过河","单位人"向"社会人"的转变还没有完成,真正意义上的市民阶层尚未形成,这种状况一直持续到 90 年代初期。

(三)都市报开启的新阶段

1995 年后,都市报迅速崛起。1995 年 1 月 1 日,《华西都市报》的创刊揭开了都市报为期十余年的繁荣,它的成功标志着都市报发展的一个新阶段的来临。如果说 20 世纪 80 年代的晚报还是生活的"调剂品",那么 90 年代的都市报则成了生活的"必需品"。

随着改革开放的深入进行,社会生活节奏的加快以及社会阶层的进一步分化,读者的新闻信息需求进一步加大。特别是进入 20 世纪 90 年代,邓小平同志考察南方的讲话发表之后,市场经济体制在全国广泛确立,城市市民阶层真正形成。"市民社会产生的一个重要标志,就是大量的个人和组织摆脱了政治权力的束缚,成为具有独立人格的非政治的生活主体,也就是市民社会主体。"②从缓慢的社会变化中进入到一个快速的社会变革中,人们亟须借助大量的信息来确认自己在

①　〔美〕迈克尔·埃默里、埃德温·埃默里:《美国新闻史》,展江、殷文译,新华出版社 2011 年版,第 115 页。
②　吴定勇:《都市报崛起之谜》,四川大学出版社 2005 年版,第 238 页。

社会中的位置、调节自身的心理状态并判断未来的方向。而创刊于上个世纪 80 年代的晚报仍然主打知识性、趣味性、可读性，以社会新闻和副刊见长，内容普遍偏"软"，新闻信息量也较少，这为都市报的崛起留下了巨大的市场空间。以《华西都市报》为代表的都市报甫一亮相就以不同于传统晚报的大信息量、贴近性、服务性使读者感到眼前一亮，其"新闻策划""信息超市"等相对领先的理念使其在报业竞争中脱颖而出。

都市报价值在市民阶层形成的大背景下全面回归并迸发出新的活力，搅动了中国的报业市场。传统晚报面对都市报的蓬勃发展也进行了一系列改革，学习都市报的新经验，逐渐站稳了脚跟。至此，传统晚报与新兴都市报在办报模式、办报经验、经营思路等多方面实现了合流，除了名称不同等个别差异外，统称为广义上的都市报。

第四节　都市报价值与报纸转型

目前，"拐点""融合""转型"成为报业乃至传媒界的热词，但理想很丰满，现实很骨感，不少传统媒体虽然"转"了、"融"了，但还是没有看到未来，"报业消亡论"此起彼伏。实际上，都市报发展遇到的一些"瓶颈"很大程度上是对自身价值认识不清、认识错位造成的：明明都市报走到了生死关头，却只在都市报的内容长板上下功夫，忽视了决定都市报生死的服务、渠道、终端等短板，结果反而加速了都市报的衰落。这就好像一个人感冒了，高烧不退，首先应是降温，然后再消炎，这有个轻重缓急的过程。如果先消炎后降温，则会有生命之忧。如果消炎和降温一起来，在医学上是可以的，但现实中报业限于精力、人力、财力，总要有所取舍。在报业特别是都市报的现实实践中，它们往往会在这种取舍中走错步，陷入迷茫的困境。

一、关于报纸的未来

如果我们无法看清未来的路,那么回顾一下历史,往往就能找到答案,因为历史中总蕴含着未来的轨迹。关于报业消亡的论断,持此论断的人可以举出很多论据,不同意此论断的人也可以举出很多论据。无论是哪个论断,我们都要正视现实、正视历史,因为现实是真实的,历史不会说谎。

(一)从媒介发展史看报业未来

从大众媒介发展的历史来看,任何一个新媒介的产生都会改变旧媒介的使用习惯,带来原有受众群体的迁移和重组,使旧媒介在传统媒介生态圈里的位置发生改变,但至今还没有一种新媒介的产生导致旧媒介消亡的例子出现。反而出现较多的情况是,新媒介的使用延续且扩大了旧媒介的传播范围和传播速度,比如广播的出现让报纸获取信息的速度和效率大大提高,见报内容的时效性大大增强;电视的出现没有让广播消亡,反而促使了广播向移动化、分众化方向发展。一些国外学者在对大众媒介发展历史的梳理上也认同这一观点。

"似乎传播的一种新进展会改变那些在它之前产生的进展但却不会使它们消失。电报与电话并没有消灭印刷文字;电影、广播、电视与电脑也同样没有。电视没有使广播消失,但它让广播媒介的使用方法发生了巨大的变化。同样,电脑与互联网可能不会让任何一种传统媒介蒸发,但它们可能会改变我们使用这些'老'媒介的方法。"①

"历史告诉我们,旧媒体绝不会寿终正寝——它们甚至也不会逐渐削弱淡出。消逝的只是我们用以存取媒体内容的工具——8 轨道磁

---

① 〔美〕约瑟夫·R.多米尼克:《大众传播动力学——数字时代的媒介》(第 7 版),蔡骐译,中国人民大学出版社 2004 年版,第 80 页。

带、Beta 录像带等。学者们称之为承载技术。斯特林的项目所陈列的大多属于这一类别。承载技术会过时而被替代；而另一方面媒体还在继续演进。记录下来的声音是媒体内容。CD、MP3 文件以及 8 轨道磁带等这些是承载技术。"①

国内的很多报人也认同这一说法。曾担任解放日报报业集团负责人、现任复旦大学新闻学院院长的尹明华在《传媒再造》一书中提到："几百年来纸媒体与其他媒体和而不同、双赢相处的经历说明了它与生俱来的持久的生存韧性。报纸曾经遭受过电台的挤压，事实证明电台和报纸可以共存共荣；曾经遭受过电视的冲击，最终电视和报纸之间也能优势互补和谐相处。"②

没有夕阳的行业，只有夕阳的企业。大众媒介的发展史告诉我们，某个报纸的消失是正常的，以此推论报业的消亡是不符合基本逻辑的。于报业而言，互联网行业的竞争更为激烈，攻守易势的事几乎每天都在发生，从博客到微博再到微信，兴衰就在转眼间，这说明互联网技术发展带来的冲击不仅仅集中在传统媒体身上，门户网站等互联网媒体本身也正在遭遇激烈的挑战。

(二)从价值视角看报纸未来

谁能决定报纸的存亡？是人的活动，而不是人的预测。报纸为了满足人类获取信息的需求而产生，报纸的价值存在于报纸与读者的关系之中。只要某种媒体能够满足人类传播信息的独特需要，它就能够存活。随着人类社会的发展，人们获取信息的渠道和载体越来越多，报纸之后有了广播，广播之后有了电视，电视之后有了互联网，每一种新媒介的出现都是对过往媒介价值的解构，同时旧媒介在价值解构中

---

① 〔美〕亨利·詹金斯：《融合文化——新媒体和旧媒体的冲突地带》，杜永明译，商务印书馆 2012 年版，第 44 页。
② 尹明华：《传媒再造》，上海三联书店 2007 年版，第 107 页。

进行重组,从而实现新生。新生之后的旧媒介的地位和影响力会有所下降,因为技术的进步是以消除门槛和障碍、不断实现自由为根本驱动力的。旧媒介的劣势是新媒介产生的动力之源,而旧媒介的优势则是其合理存在的根本。

报纸天然具有深度阅读的特征。以文字为传播介质的报纸需要读者通过阅读印刷在纸张上的铅字来理解信息,在阅读过程中,读者的注意力可以集中在文字符号传递的意义上,运用自身具备的概念、推理能力进行思考。"线性的书面语言有利于思维的纵深发展,有利于逻辑思维的养成。人是思想的动物,思想的形成和深入有赖于逻辑和线性思维,需要通过文字来抽取。阅读文字意味着要跟随一条思路,这需要读者具有相当强的分类、推理和判断能力。"[①]

报纸具有较强的整体感特征。报纸能够在有限的篇幅内较为客观地、全景式地再现社会,避免信息呈现的碎片化和信息链接的无限扩张化。在报纸的生产过程中,信息的取舍筛选和整体呈现有着一套相对规范的流程。报纸在内容选取上的全景化同其介质的纸张延展性和整体性相结合,赋予读者"一报在手,便知天下"的整体阅读感。读者通过读报,可以迅速找到自己在社会中的位置,并消除对外界社会变化的不安全感。手机、平板电脑等新媒体的信息海量化、碎片化,导致阅读的整体感缺失。用户面对着一个接一个的超链接,容易在铺天盖地的信息中失去方向感。报纸的深度阅读和整体感特征,在一定程度上适应了用户在信息、生理和心理上的多重需要,这些特征在海量化、碎片化的信息海洋中显得更加可贵。

除了报纸自身具有的优势外,用户信息需求的多样化以及对媒介偏好的多样化,也是都市报存在的意义所在。一名用户可能既是网民,又是电视观众、广播听众,同时还是报纸读者。只接受一种媒介、

---

① 李玉悌:《信息图像时代的文字阅读》,《东莞理工学院学报》2010 年第 6 期,第 46 页。

完全排斥其他媒介的用户不是主流。不同媒介面对多重身份的用户，其竞争的着力点在于用户信息接收时间的长短、接收时段的分布和接收效果的优劣。都市报作为媒介的一种，要接受并适应用户的多样化选择。

二、报纸转型的本质

报纸的价值存在于报纸与读者之间的关系中，报纸转型的目的只有一个，就是巩固和稳定报纸与其用户之间的关系。所有的转型改革都要围绕这个中心服务，并用这个标准去检验。报纸转型的本质是报纸与读者关系的转型。现实中很多都市报建立了自己的网站、微信、微博、App 等，但每个终端都是孤立存在的，报纸的资源依然是分散的，多种终端的建立对加强报纸与读者之间的关系并没有产生任何效果。这种转型就属于盲目转型。

（一）从点对点关系到圈对圈关系

以都市报为例，改革开放后，一系列晚报相继创办，报纸与读者的关系属于点对点的关系，报纸与读者唯一的连接点就是报纸。改革开放之初，读者的信息需求和生活需求都相对单一，报纸通过单纯的信息提供就能满足读者的需要。随着社会的发展，市民的信息需求和生活需求不断增长，并呈现出"圈化"现象。即一位普通市民要直接面对社会的各个行业，如交通、医疗、教育、住房等，这些行业如同一个个圆圈包围着市民，使市民需求呈现圆圈化的状态。在计划经济时代，普通市民是不需要考虑这些问题的，因为每个市民都归属于一个固定的体制，这些问题在体制内就能解决，不需要市民直接面对。市场经济改革后，这些衣食住行问题从体制内走向市场，市民直接面对这些问题，出现了大量的信息真空地带。20 世纪 90 年代中期都市报的崛起，就是为弥补这些信息真空地带而一炮打响的。但面对着需求日益"圈

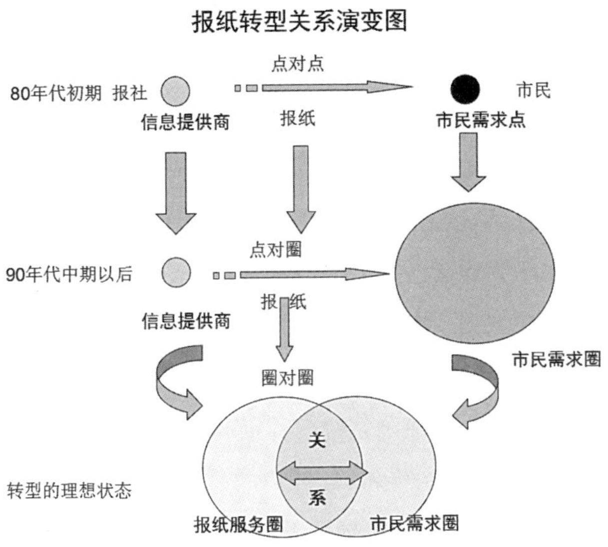

图 1—1　报纸转型关系演变

化"的市民,作为信息提供者的报纸却越来越不能满足市民的需求。此时,报纸与读者的关系就变成了一种点对圈的关系。点对点的关系还有一定的稳定性,而点对圈的关系的稳定性就变得非常差,此时新媒体的出现满足了受众的"圈化"需求,从而加速了报纸与读者本就不稳定的点对圈关系的瓦解。

　　要改变这种点对圈关系的不稳定性,报纸必须朝着打造报纸服务圈的方向转型,努力实现报纸与读者关系的圈对圈模式。只有采用圈对圈的模式,报纸与读者才能实现关系交集的最大化,从而保证报纸与读者关系的稳定。报纸本身要从信息提供商向综合服务商转变,从单一的信息提供向全方位的读者服务转变,让报纸提供的服务嵌入读者的生活之中,让读者离不开报纸,这样报纸才能真正影响读者,报纸的价值才能长久不衰。

　　说到底,报纸转型就是要实现报纸与读者关系从点对圈的模式转向圈对圈的模式。报纸要打造服务圈,仅靠内容是不够的,因为内容仅仅是报纸价值的一个支撑点,圈的打造还需要有若干个支撑点才能成功。

(二)从内容单点支撑到内容、服务、渠道、终端共同发力

微信、微博等社交媒体的兴盛显现出用户需求向"内容＋关系＋服务"的转向。报纸转型亟须摆脱"内容依赖"的惯性思维,打造以读者为中心、以报纸为平台的综合生态服务圈。这一生态服务圈应具备本土化、随身化的特征,通过家门口、手机、网络三个空间给读者提供本土化信息和服务,注重易得性和便捷性。

在这一圈子里,报纸通过整合内容资源、服务资源、渠道资源和终端资源,满足读者在生活、娱乐、新闻以及教育培训等多方面的需求,力争成为读者生活的一部分。报纸不仅仅是信息内容的提供商,更应该是用户生活的服务商。报纸通过服务深度嵌入用户的生活,而不是传统的通过报纸内容文本来影响用户。

未来的报纸不仅仅通过内容的影响力和公信力等指标来衡量自身的发展,还需要加入对用户生活的嵌入度和关联性等指标。如果有一天报纸可以做到"你可以不读报,但你离不开报纸提供的服务",那么就可以说报纸转型成功了。

三、报纸转型的误区

报纸转型是报纸价值重塑的综合系统工程,但在具体实践中,报纸转型很容易流于简单化、狭隘化,主要表现在两个方面,一是"转型内容技术化",二是"转型利润化"。而这两种转型的狭隘认识在很多都市报中都存在。

(一)转型"内容技术化"

"内容技术化"是把转型等同于全媒体战略。如今,一提到"转型",很多报纸首先想到的就是网络,这是把内容技术化的一种表现。报纸转

型是个系统工程,涉及内容、服务、渠道、终端各环节,简单地对其中任何一个环节进行改造都不可能实现转型的目标。转型需要的是顶层设计,但现实中报纸总是喜欢从最容易操作的环节入手,比如围绕报纸内容制作网站、手机报、报纸 App 等。但实际效果如何? 可以说基本上都是"面子工程",形式大于内容。这类转型属于"跟风式"转型。每张报纸都处在不同的媒介生态小环境中,都有自己的报情。走转型这条路本身没有错,关键是要结合自身报纸的实际,不能单纯为转型而转型。否则,所谓的"转型"也仅仅是空有架子,对提升报纸的竞争力作用不大。

2007 年 10 月 29 日,烟台日报传媒集团作为国家新闻出版总署的试点单位,启动全媒体数字采编发布系统的研发,通过优化原有产品的生产流程,推动集团从报纸生产商向内容供应商的转型。2008 年 3 月,该集团组建全媒体新闻中心,并于当年 7 月 1 日正式上线使用。该集团采取"一次采编,多次发布"的改革措施,这对于人力资源角度的成本控制而言很有意义,但对于原本同质化的新闻内容而言,这无疑是一次倒退。烟台日报传媒集团旗下的平面媒体有《烟台日报》《烟台晚报》《今晨 6 点》,每家报纸的定位并不相同,读者群体也不相同,期望用"一次采编"来满足三家报纸的个性需求是不切实际的,最终的结果只能是三家报纸内容相似,事实上成为一家报纸。新闻采写是一个高度个性化的过程,每个记者都有不同的新闻视角和写作习惯,"一次采编,多次发布"在实际操作过程中并没有实际意义。例如,党报记者写的稿件,都市类报纸不会采用,因为内容比较"硬";而都市类报纸记者采写的稿件因为太"软",党报也很少采用。因此,在一个集团内,各报采编还是各干各的,集团内部采编形式上的统一并不能改变子报"各自为政"的现实。

在报纸转型的具体实践中,报纸之所以热衷于从内容入手,除了对转型内涵认识不清外,还有一个重要因素是,从内容入手比较容易操作,也比较容易见到所谓的"转型效果"。因为内容环节的改造较少触动固有的人事利益,并长期处在核心控制之下,而服务、渠道、终端等环节一般是报业集团较难掌控的薄弱环节,且分布在不同利益群体的管辖范围内,因此不容易成为报纸转型的切入口。以服务环节为例,很多报业集团没有设立专门的读者服务部门,读者服务的相关机构分散在各个子报中,服务形式也多停留在较为原始的电话接听层次上。渠道环节分布在邮局和集团发行公司两个板块,依靠邮局代办发行一直以来是报业集团较为头疼的"软肋":邮局不愿意把读者数据提供给报纸,作为子报的都市报很难协调集团的发行公司,使之为子报的转型进行定制性服务。

需要看到的是,报纸在内容转型方面也作出了很多努力和探索,投入了大量的人力、物力和财力。在移动互联时代,都市报纷纷推出借助品牌优势的新闻客户端 App。黑龙江日报报业集团耗时半年推出了"劲彪新闻""掌上龙江"两款 App 产品。然而,App 产品如果只局限于新闻客户端,而不在改变报纸与读者之间点对圈的关系模式上下功夫,App 产品便仍然只会是内容的一个点,只能满足读者的部分需求,一旦内容具有可替代性,就会造成报纸与读者关系的脱节。

(二)转型"利润化"

转型"利润化"观点认为,转型就是要赚钱。而事实上,衡量报纸的转型是否成功,利润只是众多指标之一,若以利润为根本目的就偏离了报纸转型的初衷。一些报业集团在报纸以外进行多元化经营投资,这本身没有问题,个别报业集团还挣了不少钱,但这并不代表报纸转型就成功了。因为这个利润对报纸转型意义不大,报纸还是那张报纸,这个利润不是报纸转型本身带来的,而是通过其他产业赚取的。如果报纸仅以利润为转型指标的话,那就偏离了新闻业这个行业的范畴,毕竟新闻业不是商业。

1．拐点的"常态"与指标的偏离

2005 年,是值得中国报业铭记的一个年份。"这不仅仅是都市类报纸的冬天,也是整个报业的冬天。这是中国传统报业的一个历史性'拐点'。"①

"中国报业曾经处于一个飞速发展的时期,从 1985 年以来,报纸的广告收入实现了高增长,年均增长率高达 95％,但在 2005 年,报业的高速增长明显回落,以至于'拐点'成为当年业内最热门的名词。"②

"2004 年,报纸广告收入增幅突然下滑,降为 9％;2005 年全年广告经营额仅增长 8％,首次低于 GDP 增幅;到 2007 年,报业广告经营额由低增长转为负增长,下降幅度为 1％。"③

2005 年,中国报业广告收入下滑出现"拐点",那一年在美国也是如此。从图 1—2④ 可以看出,美国报纸的印刷广告也是从 2005 年开始下滑的,自此以后每年都呈现下降趋势。

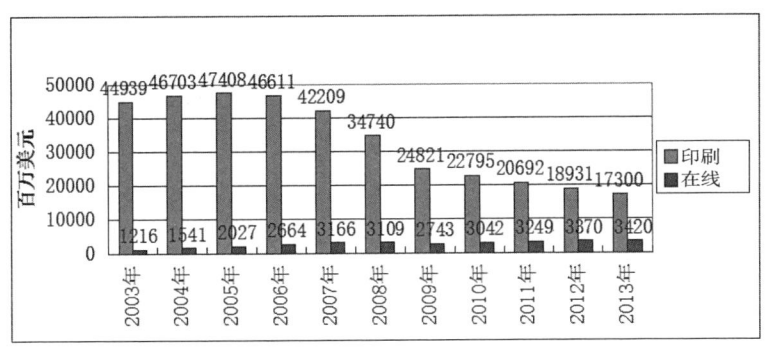

图 1—2 美国报纸 2003—2013 年广告收入

---

① 吴海民:《我看报业未来走势》,检索于 http://www.mediaok.net。
② 尹明华:《传媒再造》,上海三联书店 2007 年版,第 183 页。
③ 吴廷俊主编:《中国新闻传播史(1978—2008)》,复旦大学出版社 2011 年版,第 259 页。
④ 数据来源:Newspaper Association of America(NAA)。

很多人根据广告收入和发行量的下降作出预言:报纸开始衰落,甚至要走向消亡。支持此论断的人可以举出很多例子,这些例子的标准无非是从经营收入、读者流失、报纸破产等方面来论证。其实这个推论从逻辑上来讲是错误的。衡量一个行业是否健康发展,应从多方面来考虑。就好像地球上每天都有大大小小的公司破产,我们能就此得出商业以后不会存在的结论吗? 报纸也是企业,是企业就会有破产的可能,这是正常的市场竞争现象。中国前几十年每年 GDP 的高速增长曾让世界震惊,如今国家主动调结构、转方式,主动实现中高速增长,我们能据此就认为中国经济发展走向衰落了吗? 经济增长速度不代表经济健康程度,现在国家发展已经意识到这一点,作为报纸难道还要执拗地迷信广告利润吗?

其实报业的"拐点"恰恰说明了报业开始回归正常发展。以中国为例,之前报纸广告经营"年均 95% 的增长"是超常的,一张区域性的都市报发行量过百万也是很惊人的,现在报业的发展是在回归常态。追求高利润率不应该是报纸这个行业应该出现的,中国报纸享受了二十多年的高速增长和回报,但把非常态的高利润率当成正常,把报业回归常态当成不正常,这种认识是错误的,也是非常有害的。

菲利浦·迈耶在《正在消失的报纸——如何拯救信息时代的新闻业》一书中认为,美国报纸广告收入下滑也是报业发展回归正常的一种现象:"报纸的出版商们可能会认为,他们在 20 世纪相对于其他行业所享有的异乎寻常的高利润率,是他们与生俱来的权利,而实际上并不是。这是一种已经不存在的条件——他们对零售商接近其用户的近乎垄断的控制——的结果。这是一种因印刷机的高成本而形成的自然垄断。这样的垄断已经被创造低成本信息传播方式的技术所颠覆。"[1]

---

[1] 〔美〕菲利浦·迈耶:《正在消失的报纸——如何拯救信息时代的新闻业》,张卫平译,新华出版社 2007 年版,第 259 页。

报业"拐点"是报业市场经济不断深化发展过程中的一个正常市场反应。中国的报纸结构长期存在着"多、滥、散"的问题,有关行政部门进行过多次整治,效果依然不明显。而报业"拐点"的到来就是市场对报业结构诸多问题的一个正常市场调控,只有破产一批、兼并一批,才能发展一批、做强一批。

(2)转型等于"转换门庭"

不少报业集团在报纸转型中进行多元化布局发展,进军房地产、旅游等非报产业,有的甚至进入了资本市场。多元化经营之举为报纸转型提供了更为宽广的视野和充足的资金。然而,一些行业过高的利润虽然让报纸尝到了甜头,但也使之逐渐迷失了自我。

报纸何以为"报"? 报纸的公信力和影响力是立报之本,其经济效益是附属于公信力和影响力之上的。但有些报业集团在报纸转型中以利润为主要考核指标,导致非报产业不断做大做强,报纸本身的影响力和公信力却不见增长,这种以利润为主导的转型与报纸转型的初衷并不相符,甚至是相背离的。这样的报业集团与其他行业的商业公司并无二致。在全国报业集团总体经济规模中排名第二的浙江日报报业集团便是其中的典型代表,它的转型之路更多的是围绕非报产业而展开的。

2005 年,浙江日报报业集团(后文简称"浙报集团")高调宣布与当地绿城集团组建浙江报业绿城投资有限公司,并成功运作了数个二、三线城市的房地产项目,获利颇丰,当年曾被誉为报纸多元化经营的典范。后来,浙报集团逐步退出了房地产行业。浙报集团董事长高海浩说:"传媒集团不是投资公司,更不是房地产公司,传媒集团是舆论阵地,传播的是信息,依靠的是公信力,营造的是影响力;对于国家来说,并不需要报业集团赚多少钱,我们需要集中力量进行内部转型,把舆论平台打造好。而房地产与我们的主业没有多大关系，所以主动退出。"①

事实上，浙报集团的转型之路一直没有围绕报纸本身做文章。退出房地产行业之后，浙报集团重点转入资本市场，成立了专门的投资公司，寻找投资项目。投资形式也非常多样化，既有股权投资，也有财务投资和战略投资。2013年，浙报集团全资子公司浙报传媒控股集团有限公司以32亿元收购盛大旗下的游戏对战平台边锋和浩方。2014年10月，浙报集团董事长高海浩在第十四届中国网络媒体论坛上提到："按照今年三季度上市公司的年报来看，我们在传统媒体全行业衰退的情况下，互联网营收占整个集团的营收已经超过30％，互联网创造的利润已经超过了传统媒体创造的利润，今年预计将会超过整个利润的50％。"②

浙报集团的转型之路是"资本转型"，通过资本运作投资、收购优质资产并获利，即"传媒控制资本"。不可否认，这种利润获取方式对维持传统报纸的发展非常重要，但是否能真正提升报纸本身的公信力和影响力则值得商榷。

目前，国内报业集团越发重视资本运作的作用。2015年年初，上海报业集团负责人在内部会议讲话中指出，要通过投资、兼并与收购"为集团可持续发展奠定物质基础"③，并将地产、金融股权与印刷业务作为集团产业金字塔的底座，以此支撑报业主业和文化新媒体产业。2014年，上海报业集团发起并酝酿了两只专业化基金。

报纸转型"资本论"的支持者很少会公开承认他们已经脱离报业，

① 陈国权：《报业转型新战略》，新华出版社2014年版，第96页。
② 高海浩：《媒体融合的核心是人的融合》，检索于 http://gb.cri.cn/42701/2014/10/31/5187s4748840.htm. http://www.jiemian.com/article/236487.html。
③ 裘新：《深化改革 深度融合 深远发展：在互联网时代继续我们的征途》，检索于 http://www.jiemian.com/article/236487.html。

尽管事实上是这么做的,因为这与党巩固传统媒体阵地的要求是相背离的。其实报业集团资本运作的本质是运用资本手段支撑报纸,即便将来报纸不挣钱甚至亏损,报业集团也可以用资本运作赚取的利润把报纸"养"起来。报业集团采取资本运作的策略有两重考虑:一方面,现阶段党还非常重视传统媒体特别是报纸的作用和地位,作为党的宣传系统领导下的报业集团必须遵照上级要求努力办好报纸;另一方面,报纸发展确实不如以前,作为一个经济实体,报业集团还要考虑经济效益,毕竟报纸转型也需要大量资金的投入,光靠上级拨款是远远不够的。这种复杂的考量从上海报业集团负责人裘新在内部会议的讲话中可以看出:"我们也不能走向另一种倾向,僵化地固守报纸。外部在变,我们自己必须要变,要变得更能适应新形势、更有影响力和战斗力。我们要想明白,未来,谁掌控最能有效传播、引导舆论的阵地,谁就会被我们党、社会和受众所选择。任何产品都从属于一个特定的历史阶段,纸媒也逃不出这样的周期律。如果有一天,其他媒体完全替代报纸成为我们党治国理政的工具,社会和受众不再需要报纸,那么,报纸作为一个历史阶段的产物,就光荣地完成了它的使命,但是报人的使命完全可以凭借他们的专业能力在新的媒体阵地上得到继续。"[1]

国内报业集团对资本运作的重视还有一个原因,就是报纸本身转型的前景并不被一些报人所看好,而且报纸转型是一个长期的系统工程,不仅需要大量的资金、人力的投入,而且短期内很难见到转型的效果。而资本运作与报纸转型相比,虽然短期投资大,但操作相对简单,收益有保障,见效快,很容易出成绩。

---

[1]　裘新:《深化改革　深度融合　深远发展:在互联网时代继续我们的征途》,检索于 http://www.jiemian.com/article/236487.html。

第二章 价值衰退背后的读者、报人和内容

报纸原本忠诚的读者为什么不看报了？以往写出不少喜闻乐见新闻稿件的记者为什么写不出来了？自从报纸出现以后，读者和报人就分别代表着市场和内容，二者关系密不可分，他们之间的连接体就是报纸。在互联网时代，读者和报人都在发生变化，如果报纸还在延续过去的办报模式，那么报纸价值的衰退就在所难免。

第一节 都市报读者的需求与期待

读者是因为内容离开报纸的吗？如果是这个原因，互联网上的新闻内容绝大部分来源于报纸、电视等传统媒体。如何解释读者的兴趣转移到互联网这一事实呢？如果不是这一原因，读者又是因为什么离开的？这一疑问与都市报价值的衰退有直接联系，也是关系到都市报价值重构的关键性问题。

一、互联网时代人的需要

了解读者与报纸的关系，首先需要了解人的需要。"所谓需要，即为生命体处于缺乏状态而出现的体内自动平衡倾向与择取倾向。这种缺乏状态，既包括生理上的缺乏（生理需要），又包括心理上的缺乏

（精神需要）。"①读者看报有明确目的和动机,如果报纸不能满足读者的需要,读者就不会读报,报纸就失去了存在的价值。

　　人对新闻的需要不是抽象的心理本能的需要,而是由于客观社会现实作用于人而产生的一种需要。尽管这种需要有某些本能的因素,但其本质仍是一种社会化的心理状态。在互联网时代,人的需要依然存在,而满足人的需要的途径却发生了变化。

　　（一）人的基本需要与新闻传播活动

　　人的需要有哪些？刘智在《需求层次与新闻传播活动》一文中列举了三类需要：一是斯大林关于社会主义基本经济规律的表述,需求分为物质需要和文化需要两大类；二是捷克经济学家锡克划分的物质需要、运动和活动的需要、对别人的关系的需要和文化需要；三是美国人本主义心理学家马斯洛提出的需要层次论。马斯洛将人类的基本需要划分为五个层次,从低到高分别是生理需要、安全需要、归属和爱的需要、自尊需要、自我实现的需要。实际上,人的基本需要并不是按照马斯洛的理论中从低到高纵向分布的,更多的时候人的基本需要是多层次横向并存的。

　　新闻传播活动的产生源于人类社会的交往活动,而交往活动则基于人类的基本需要而产生。人类的基本需要建立在人类社会发展的经济基础之上,主要受到社会生产力的制约和影响。因此,不同时代的新闻传播活动在人类交往活动中发挥的作用和形式是不同的。"从17世纪开始,新闻传播活动开始借助印刷术而迅速发展,使得千万人的新闻传播观念也同时发生飞跃性的变化。"②人类的交往活动不断突破时空的限制。

---

① 　童兵：《理论新闻传播学导论》（第2版）,中国人民大学出版社2011年版,第13页。
② 　童兵：《理论新闻传播学导论》（第2版）,中国人民大学出版社2011年版,第91页。

近现代社会以来,新闻传播活动主要集中于传统媒体,新闻传播权力则集中在少数人或集团手中。正如印刷术的发明打破了少数精英分子把持知识的局面,互联网技术的出现,打破了传统媒体对新闻传播活动的垄断,实现了新闻传播权力的再次分散,人类的交往活动再一次扁平化。

源于人类交往活动的新闻传播活动因为印刷术的出现及广播电视技术的发展迎来了大众媒介的黄金时代,而由于互联网技术的出现,这个时代又被迅速瓦解。随着人类的交往活动越来越扁平化,传统媒体如报纸的桥梁作用的不断瓦解便成为必然。一方面,人们的交往活动更加自由、无障碍;另一方面,传统媒体在新闻传播活动中所能发挥的作用不断被取代,传统媒体的位置需要被重新审视。

新闻传播活动在满足人的基本需要方面依然扮演着重要的角色,但新闻传播活动中的主体由处于垄断地位的传统媒体开始转变为由媒介组织与个人共同构建。与此同时,新闻传播活动在人类交往活动中的地位呈现整体性下降的趋势,人们可以借助互联网技术搭建各种新媒体平台,从而满足自己交友、购物、出行、阅读学习的多种需要。传统新闻传播活动所承担的信息功能、协调和管理功能、教育功能、娱乐功能等不同程度地受到冲击。

报纸作为传统媒体之一,必须正视新闻传播活动在人类交往活动中地位下降的这一趋势,同时要跳出其作为新闻传播活动主体的传统定位。在人类社会的发展中,新闻传播活动有着一个从萌芽到成熟的发展过程,但人类的交往活动却是持续恒久的。互联网技术改变了人类的传统交往活动,报纸则应在人类交往活动的更大空间中寻找自己的位置。

(二)互联网带来的需求变化

互联网的出现给人类社会带来了巨大变化,它使人类的各种需求从现实社会的各种门槛中解放出来,转而通过互联网平台获得需要的满足,这些需求涵盖了衣食住行等生活领域和娱乐文化教育等精神领域。互联网就像一面镜子,现实社会的一切都倒映在这面镜子中,这种倒影消除了时空的差异,实现了不同时间、不同空间的交融。

互联网时代,人类社会呈现出三个新的特征:一是信息海量与信息稀缺并存;二是喧嚣浮浅与理性深刻并存;三是情感宣泄与真情流露并存。这三个特征对人的活动和需求有着深刻的影响,主要表现在以下三个方面:

1.深度依赖的缺失和新闻需求的下降

改革开放以来,特别是进入 21 世纪以来,随着互联网的日益普及,人们从一个信息匮乏的时代进入了一个信息海量的时代。受众对传统媒体的深度依赖感由于海量信息能自由获取而不断消失。由于信息的丰富和获取的便捷,人类社会的透明度不断提高,民主化程度不断提高,人们对新闻及背后发布新闻的各种组织机构的神秘感和敬畏感逐渐消失。读者对报纸不再"崇拜",记者高高在上的"地位"也不复存在。受众从被动的信息接收者变为拥有自主权的用户,这一身份的变化意味着单向线性的封闭式信息传送模式的终结。

同时,由获取新闻信息而带来的自我安全感和存在感也逐步让位于网络"线上线下"的"虚拟—现实"构建。新闻需求作为人类众多需求中的一种,其强烈程度在不断减退。"现实是看新闻只是绝大多数人每天进行的众多与信息相关的唯一的一种任务。其他无数的工作包括:'帮我联系到社区中分享相同兴趣的其他人','使我在碎片化的时间中自我娱乐','帮我选择智慧的生活方式','帮我省钱和赚钱'。"①

---

① *Newspaper Next：A blueprint for Transformation*(2006). 检索于 http://www.americanpressinstitute. org/ wp－content/uploads/2013/09/N2_Blueprint－for－Transformation. pdf.

一些观点认为,传统媒体最大的优势是内容,未来的转型必须依靠内容优势来实现。这类观点恰恰忽视了用户新闻需求在不断下降这一根本性趋势。作为西方新闻专业主义起源的美国报业经历了几十年的发展,其专业化的内容生产一直处于世界领先地位,《纽约时报》更是成为严肃新闻的行业标杆。然而,优质的内容并没有阻挡住美国报纸发行量、经营收入、影响力的下降趋势。报纸发展乏力并不能完全归因于内容因素,用户需求的变化或许是更为深层次的原因。

2. 自主选择权的放大和服务需求的上升

在互联网时代,一方面,用户拥有更大的信息自主选择权和发布权;另一方面,由于社会生活节奏不断加快,有用的信息淹没在海量的冗余信息中,用户需要在海量信息中寻找有用的信息,注意力的相对稀缺与选择权的相对过剩成为一对矛盾。

用户选择权的相对过剩客观上促使其从对信息的"渴望"转向对信息的"麻木",从对信息的"消遣"转向对信息的"应用",从对信息的"单一阅读"转向对信息的"综合服务"。用户的服务需求涵盖了生活、工作的各个方面,这也成为当下用户更为关注信息的实用性和贴近性的内在缘由。

目前,一些使用率较高的互联网产品并非依靠新闻内容来吸引用户,反而转向满足人们的服务需求。例如,微信契合了朋友圈强关系的交往需求,淘宝网等电商平台满足了人们便捷购物的需求,房天下网站使人们买房、卖房和租房更加便捷,汽车之家网站为购车者提供了大量实用信息。

3. 新闻需求从宏大、远方转向细微、身边

当前,一方面用户的新闻需求呈现下降趋势,另一方面新闻需求本身也在发生变化。随着社会的发展和政府信息公开化进程的推进,以及人们教育水平的普遍提高和用户媒介素养的提升,用户对新闻需

求的关注点在发生变化,比如以前关注国家大事,现在关心国内外大事与自身的相关性;从前关注发生了什么,现在关注为什么发生等。

随着阶层分化和个体意识的觉醒,用户的新闻需求呈现出分众化、个性化、情感化的特征,他们更加注重新闻的距离感和心理感,即距离要接近,心理要贴近。"媒介内容不能限于雷同的结构、单一的类型和宏大的叙事,应该呈现地方化、情景式和难以替代的生活资讯。"①具体表现为新闻内容从单一的信息告知转向了综合的信息解读,新闻角度从"记者报道"转向了"自我表达",新闻写作从五个 W 的"倒金字塔式"的传统结构转向了综合化、自由化的新型结构,新闻架构从大而化之的宏观新闻转向了见人、见事、见情的微观新闻。

二、读者对报纸的感受及启示

在注意力稀缺的时代,读者对于报纸的重要性从来没有像今天这么重要,失去了读者,报纸就失去了生命。然而,报纸对读者的了解并没有随着互联网的出现而加深。报人固执的自信、报纸固有的运行模式,使得读者的重要性更多地体现在"口头上"。报纸从业者至今也很难回答"读者是谁、读者在哪里、读者需要什么"这个看似简单的问题。

(一)读者眼中的报纸

为了获知读者对报纸的看法,增加研究的直观认识,笔者制作了一份调查问卷,并在北京、上海、深圳、西安、成都、济南 6 个城市进行了定向发放,共发放问卷 1200 份,有效回收 1147 份。调查问卷的问题分为封闭式和开放式两种。

由于样本数量和发放范围的局限,调查问卷的重点并不在于了解被调查者各种回答的精确比例,而在于通过一小部分群体的真实看法

---

① 王斌:《传媒业空间形态演化研究》,中国人民大学出版社 2010 年版,第 99 页。

来获取他们对当前报纸现状的直观感受。

问卷中第二个问题是"您每天都会读报吗?"65％的人选择"偶尔读报",25％的人选择"从来不读",7.5％的人选择"经常读报",2.5％的人选择"每天都读"。在读报人群中,对读报时间都选择了"30 分钟以下"。

问卷中第八个问题是"报纸与您个人的生活工作之间的关系如何?"45％的人选择"关系一般",55％的人选择"可有可无",无人选择"关系密切"。

问卷中第九个问题是作出第八个问题选项的原因,多数人回答从网络、电视、手机上可以获得足够多的信息。

问卷中第十个问题是开放性问题:"你理想中的报纸是什么样子的,请描述一下?"其中有代表性的回答如下:

A问卷:"杂志化的,开页小,携带方便。生活化,实用信息更多。"

B问卷:"有个性,内容不泛泛。免费,随手可取,如机场、地铁、超市等。"

C问卷:"观点独树一帜,能给出比电视、网络新闻更深入的分析和报道。"

D问卷:"没有那些与人们日常生活无关的大事,时时刻刻关心平民的生活,以平民的生活为报纸上的重点。"

E问卷:"关系民生的事件、传播正能量、引导社会风气的优秀报纸,有好的值得分享人生经验之类的文章。"

F问卷:"除了当日的新闻时事,多添一些娱乐笑话,在读到报纸最后能使读者有一个欢愉的心情。还有一些日常生活常识,在读报纸的同时能增强生活能力。"

G问卷:"简洁、有深度、有品格的报纸。"

(二)读者需求的多样性与报纸功能的单一化

从问卷调查的结果来看,目前读者与报纸之间的关系处于比较疏离的状态。没有稳定的关系，报纸的价值就不会稳固。报纸作为产品本身具备的功能主要依附于新闻内容，"新闻纸"的形态决定了报纸功能太过单一、被替代性强，对需求日趋多样化的读者而言吸引力有限。

作为"新闻纸"，报纸提供给读者的仍然是新闻信息，而在新闻信息层面，报纸又很容易被阅读便捷、携带方便、内容量大、时效性强的互联网媒体所取代。尽管互联网媒体的新闻内容主要由报纸生产，但对读者而言，新闻内容来源于哪里并不重要，重要的是获取内容的渠道要便捷。

问卷调查的结果显示，读者期待中的报纸是这样的：内容上实用性强，与生活有较强的关联性，具有本地特色，有深度；形式上便于获取和携带，最好免费发行。读者的期待反映出报纸与读者的关系黏性较差，报纸与读者之间的关联点太过单一。一方面，报纸没有让读者非读不可的内容；另一方面，即便报纸生产出这样的内容，读者也有可能通过其他渠道获取。内容在互联网时代的易得性和免费性，瓦解了报纸通过新闻内容与读者建立起来的传统关系。

未来，报纸的转型如果依旧停留在内容层面，就难以满足读者的多元化需求，即便这种内容非常稀缺。新闻终究不像空气那样让人须臾不能离开，相比之下，用户更关心自己的实际生活。更何况能够提供具有稀缺内容的报纸少之又少，报纸通过内容改造来实现转型并不具备普遍意义。因此，报纸作为一个行业要实现重生，就应该放下对内容的固守，跳出"内容为王"的窠臼，实现以用户需求为中心，从构建与用户的关系入手，实现报纸功能的多样化，从而争取新的契机。

第二节 都市报从业人员的状态和心态

报纸与报人是紧密不可分割的。报纸的发展离不开报人的努力，同时报纸又为报人实现自我价值提供平台。在都市报面临众多挑战的当下,都市报自身发展的空间遭到来自市场等多方因素的挤压,报人自我价值实现的平台也因此"缩水"。在美国,由于报纸经济效益不好而导致裁员的现象已经成为常态。而在我国,都市报的报人也在经历着一场前所未有的冲击。

能否充分调动都市报员工全力参与到都市报转型的系统工程中去,是都市报转型能否成功的人力因素,也是关键的一环。笔者通过对三位都市报一线员工和离职人员的深度访谈,试图呈现当前都市报从业人员的状态和心态。

一、一位离职记者眼中的四条"出路"

笔者对一位工作了六年后离职的某都市报记者进行了深度访谈。该被访者毕业于复旦大学,离职前在一家综合实力排名前五的都市报当记者,"跑口"领域为基础教育,报纸从业时间为六年,现供职于中央某部委。

> 记者干到三十二三岁,基本什么都熟了,也就疲沓了。面临几个出路,一个是继续干下去,在媒体圈里都是年轻人在跑,作为老同志在跑,虽然说老,其实也就 30 多岁。职称上评副高、正高还早,职务也没有,新闻上也是一直这么干,比年轻人多些经验,可能也没有特别突出的地方。但跟着一群年轻人跑,加上家庭的事多,你在时间精力上又拼不过年轻人,这里漏稿,那里漏稿,显得多没面子,可能慢慢就干不动了,就不想去挑战这一块了。假如你想业务上再提高,却没有那么容易的途径,而且提高后对我有什么好处呢,我现在在报社是老资历,和领导打个招呼,发一个版也能发,我干嘛要提高业务呢?

第二个选择是干编辑。编辑不一定是每一个人都想干的，有些人干编辑可能都想去"油水大"的编辑部门，比如要闻部或者去一个能白天上班的编辑岗位。但这样的岗位很少，而夜班编辑对身体损害挺大，得不偿失。干记者还能接触各方面的人，积累自己的人脉，这是编辑接触不到的。

再一个就是干行政，这是媒体人自我证明的需要。假如我在报社干到某个部门主任，虽然报社的部门主任没有什么级别，但出去以后就能和一个处长甚至局长在一起吃饭，就能请得到，就比较有面子，这样就能占有更多的资源。

还有一种就是把记者当成我的一个职业，我干这个职业就是养家糊口过日子，没有别的追求。

二、一位在职编辑认为的两大危险

该位被访者是某都市报的夜班编辑，报纸从业十一年，他认为"体制和惰性是报社的最大危险"。

1999 毕业至今已十六年，2004 年转行跨入新闻行业已十一年。大学毕业最初的五年在某摩托车上市公司工作，这也是它盛极而衰的五年。再看都市报这几年遇到的情况，和 2000 年前后的摩托车行业是如此相似。

当初的摩托车行业经历了大约二十年左右的快速发展期(1984 年改制)后，遇到了寒冬，主要就是三方面的问题：政府打压——环保压力，城市限摩；市场冲击——低价位家用汽车和电动自行车的出现；自我迷失——盲目扩张，机构臃肿。

某报成立于 20 世纪 90 年代，在都市报中算比较早的，经历了多年的发展，在缺少竞争的市场，新闻和经营都已转向下坡，虽然我们不愿承认，但这已是事实，从 2008 年金融危机时就已经显现，但惯性还是让它又发展了几年，现在已经难以为继。

如今，各大都市报老总大谈报业寒冬，大谈纸媒转型，但给人的感觉都好像是在谈论别人，而不是在谈论自己。众多报社虽然已冻得哆哆嗦嗦，但真正被市场打败而倒闭的还没有，这都源于报纸的特殊性，因为报社并非一个完全市场化的企业，还有其党的喉舌这一特殊身份。

但不可否认，现在的报业同样面临摩托车行业所遇到的问题：市场的冲击——越来越多的读者更愿意拿着手机看新闻，还能通过微信、微博 App 等进行互动，街头再难看到读报的，只有低头看手机的；自我迷失——盲目转型，建个网站，弄个 App 就自称全媒体，人浮于事的现象越来越明显，人员过剩，吃白食的越来越多，报社负担越来越重。

报纸和摩托车行业又有其不同的一面。摩托车行业的确是一个夕阳行业，也是完全市场化的行业，在优胜劣汰的法则下，绝大多数都要灭亡。而报纸行业不是夕阳行业，消亡论更是一个伪命题。报纸所谓的寒冬也只能说市场经营出现了问题，或者说面对市场化，报纸产生了恐惧，不知道怎样进入或者说不敢进入。因此说，相当长一段时间内，不会出现大量报社关门的情况，要关门也是少数那些不适应市场竞争和政府让其关门的报纸。说报纸消亡论是伪命题，是因为电子屏幕目前尚无法取代纸，百度文库资料再多也取代不了书籍，在海量的电子信息面前，一张报纸一本书有时更让人感觉可信。

因此，作为报纸，讨论和关注的不是行业的末日问题，应该是市场问题,以及自己如何进入市场的问题,读者就是客户,你不珍惜,自然会离你而去。《南方周末》当年一纸风行,靠的就是内容,但如今却有大量读者流失,不是因为网络,而是因为内容变了,人们没有了必看的理由。"澎湃新闻"迅速崛起,不是因为它是新媒体,而是因为它的新闻内容新颖、独到,速度只是帮了一点小忙而已,因为传播比它快得多的东西有很多。

再看看身边,转眼间发现年近不惑还在采编一线的已经寥寥无几,有的当了领导,有的换了岗位或退居二线,但真正离开报社的其实并不多。因为对这个年龄的员工来说,除了对报社的感情,家庭等现实因素也让我们不愿折腾,更希望一种稳定的熟悉的状态,对报社已经产生一种依赖。虽然85后、90后已经成为报社的主力军,但他们对报社是另一种感情,没有依赖,随时都可以离开,近年来进来的新人,每年留下的能有一半就不错了。

但反过来说,对报社忠诚度高不见得就对报社有益。作为一个"老人",对新东西接受的速度越来越慢,而要打破自己的惯性就更是难上加难。本人就深有同感,虽然不断努力学习,但仍感难以打破传统思维。新人虽然忠诚度不高,生存经验不足,但轻装上阵,想掉头或转弯都非常容易,没有什么顾忌。因此,在所谓的报业新常态下,更多地起用新人、重拾报纸创业时的冲劲,才能让报纸早点返春。打破一切花架子,重拾内容,辅以渠道,参与竞争才是报业生存的根本。

如果说报纸有一天真的灭亡了,那肯定是懒死的或者管死的,还可能是悲观自杀死的,但绝不会是在市场中因为互相竞争而灭亡的。

三、一位部门主任的压力与困惑

该位被访者是某都市报的一位新闻部门主任,在报社工作十四年。

作为都市报的新闻主编,在近两年里,感受到了巨大的转型压力,常有力不从心、心力交悴之时。对于一个新闻主编来说,良好的抗压能力是必需的,压力主要来自以下几个方面:

一是要做好现有的报纸新闻,报纸新闻的竞争丝毫没有减弱,而报纸因为人才交替而青黄不接。尤其受到新媒体崛起的冲击后,每年都需要培养大量新记者、新编辑,写稿、编版等工作基本都是从零开始,帮助他们改版、改稿极为耗费心力。由于新手过多,要保证新闻和版面的质量,就必须投入更大的精力。

二是要实现转型,必须用创新的思维来开拓工作,不仅需要边干边学,更需要一种忘我的工作状态。大多数情况都是"5 + 2"的工作状态,一周最多休息半天时间。尽管如此,仍感到距离理想目标相去甚远,仍有大量工作需要做。

三是伴随着内部考核的日趋严格和精细,对自身的工作提出了更高的要求。目前,对部门主编的考核基本量化,对优质策划、活动、稿件等,每月都要进行指标考核,如果工作中稍有懈怠,就会在考核中落后。

四是面临日新月异发展的新媒体,必须加强自身的学习。工作之余,挑灯夜战看书是必须的,但这却远远不够,目前报社能够提供的正规培训机会非常少,而对于领头干活的报社中层而言,又是非常迫切的。

在报纸转型过程中的困惑：

一是随着报纸转型逐渐进入"深水区"，越来越感受到现有制度的束缚日趋明显。在用人制度、奖励制度等方面，都需要进行突破，才能真正实现都市报二次改革的成功。

二是对于全媒体的构建，作为部门主编感觉仍没有底。目前仍没有清晰的运转模式，未能实现真正的全媒体融合，还是有一种油水难以混合的感觉。在用人已经捉襟见肘的情况下，全媒体转型需要更多的人员投入和硬件物质投入，这同样需要决心和勇气，需要更多的顶层设计。在目前尚未建立全媒体模式的条件下，没有考核考评办法这根指挥棒，转型难以真正发挥作用。

三是对于目前的全媒体产品的探索，感觉仍以模仿复制为主，鲜有自身的创新，因此无法形成核心竞争力。其实对于许多新媒体早就驾轻就熟的技术，我们还要重新摸索，甚至对于掌握一些落后的技术而沾沾自喜，这又是一种资源的浪费。

四是面对大批从业精英逐渐转行，唯有以新闻理想让自己坚定信念。多年没有涨薪，这是纸媒不争的事实。工资停滞与报社每年的高额利润指标要求形成了鲜明的对比，这极容易让人产生不平衡心理。一些年轻记者没房没车，这种收入上的落差让他们更加困惑。稳定军心，也成了新闻部门主编的一项重要工作。

第三节　都市报内容的分析与解读

都市报发展中遇到的系列问题，比如广告收入下滑、读者群体流失、影响力式微等,业界已经有目共睹。都市报困境的成因,既有来自外部新媒体的冲击,也有都市报自身竞争力的下降,但归根到底还是来自都市报价值的衰减。

读者不是因为内容离开报纸,并不代表着报纸内容本身就没有问题。都市报自认为最为核心、最引以为豪并视之为对抗新媒体冲击法宝的内容,究竟处于什么状态? 本研究抽取了三家国内重点都市报作为内容分析的样本,以期获得对都市报内容的相对客观的评价。

一、都市报内容分析结果

内容分析的研究对象选取了《新京报》(北京)、《东方早报》(上海)、《南方都市报》(广州)这三家报纸,从地域分布上涵盖了北京、上海、广州这三个媒体竞争最激烈的城市。这三家都市报在当地无论是影响力还是经营收入都处于行业领先地位,具有一定代表性。

目前,对报纸进行内容分析常用且有效的抽样方法有三种:简单随机抽样、连续日期抽样、构造周抽样。本研究采用构造周抽样,选取了三家报纸 2014 年的内容作为样本。

这三家报纸均为日报,具体抽样方法如下:在每年的上半年和下半年各抽取一个构造周样本。一年共有 52 周,上半年 26 周,下半年 26 周。因为 26 不能被 7 均分,为方便起见,将上半年后 24 个星期均分给星期一至星期六,将前两个星期分给星期日;然后在 1—2 个星期中随机抽取星期日的样本,在随后的每 4 个星期中随机依次抽取星期一至星期六的样本,从而得到上半年一个完整的"周"的样本。下半年也采用这个方法,从而得到一年两个构造周的样本。

一年间三份报纸共抽取样本 42 份。上半年随机抽取的是 1 月 5 日(星期日)、2 月 10 日(星期一)、3 月 4 日(星期二)、3 月 19 日(星期三)、4 月 24 日(星期四)、5 月 23 日(星期五)、6 月 14 日(星期六)。下半年随机抽取的是 7 月 13 日(星期日)、7 月 28 日(星期一)、8 月 26 日(星期二)、9 月 24 日(星期三)、10 月 23 日(星期四)、11 月 14 日(星期五)、12 月 13 日(星期六)。为保证统计样本的准确性,样本版面主要以 A 版面为主,周刊类版面、地方版因出版的周期性没有统计在内。整个统计中,具体到个数的数据处理采用四舍五入的方法。

在内容分析的操作过程中,本研究对内容的体裁和消息来源两个指标进行衡量。根据通常的新闻体裁分类,将新闻内容分为 6 个类型:(1)评论;(2)消息;(3)通讯;(4)深度报道;(5)图片报道;(6)其他。

本研究将消息来源划分为两个层次,第一个层次是:(1)新华社、中新社等中央级媒体;(2)转载其他报纸、网址;(3)本报讯;(4)社会来稿;(5)政府、企业等;(6)综合报道;(7)其他 1。本报讯是指带有"本报讯"讯头的新闻稿件;社会来稿是指来源于读者、专栏作家、媒体人、学者等群体的稿件。

第二个层次是在"本报讯"的消息来源中,又细分为:(1)本报原创;(2)政府、军队、协会、企业等组织发布;(3)官方通稿;(4)关系稿;(5)新闻热线;(6)通讯员稿件;(7)资料整理;(8)公共新闻;(9)其他 2。

(一)《新京报》报道体裁和内容来源分析

根据 2014 年《新京报》两个构造周的抽取样本,统计报纸版数共计 348 个,统计新闻报道共计 502 篇。《新京报》平均每天出版的报纸版面数量为 25 个,平均每天刊登新闻报道为 36 篇。从新闻体裁来看,平均每天消息 22 篇、评论 9 篇、通讯 1 篇、深度报道 3 篇。从新闻内容来源看,平均每天"本报讯"21 篇、社会来稿 7 篇、新华社、中新社等中央级媒体 5 篇、转载其他报纸、网站的 1 篇。下面就通过四个饼图来揭示其相关比例:

从图 2-1 可以看出,《新京报》新闻体裁占比从大到小依次是消息、评论、深度报道、通讯、图片报道和其他体裁,其中消息的占比为

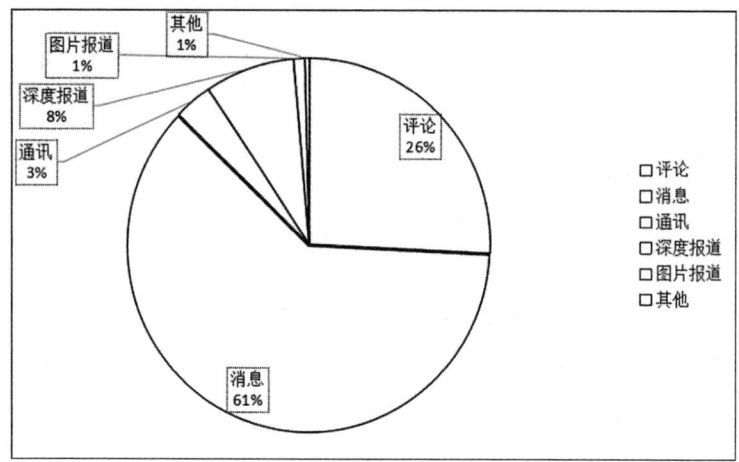

图 2—1　2014 年《新京报》新闻体裁比例

61%、评论占比为 26%、深度报道占比为 8%、通讯占比为 3%、图片报道占比为 1%、其他体裁占比为 1%。

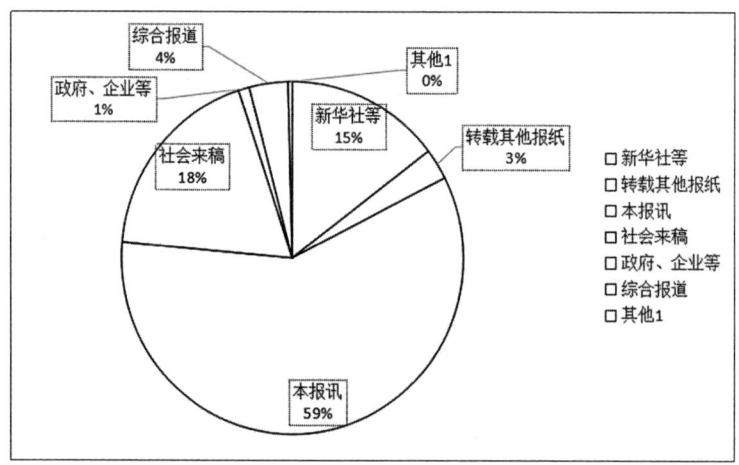

图 2—2　2014 年《新京报》新闻内容来源比例

从图 2—2 可以看出,在《新京报》的新闻内容来源比例中,"本报讯"占比最大,为 59%;其次是社会来稿,占比为 18%;排名第三的是新华社、中新社等中央级媒体的稿件,占比为15%。需要指出的是,这里的"本报讯"主要是带有讯头的新闻稿件,并不一定是记者的原创稿件。

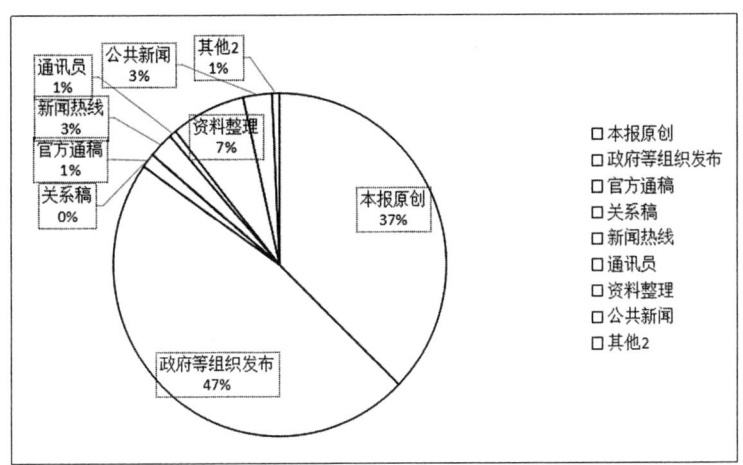

图2—3 2014年《新京报》"本报讯"内容来源比例

从图2—3可以看到,在图2—2中占比最大的"本报讯"内容来源进一步细分,其中政府等组织发布的稿件比例占到47%,属于本报原创内容来源的占37%,来源于资料整理的占7%。

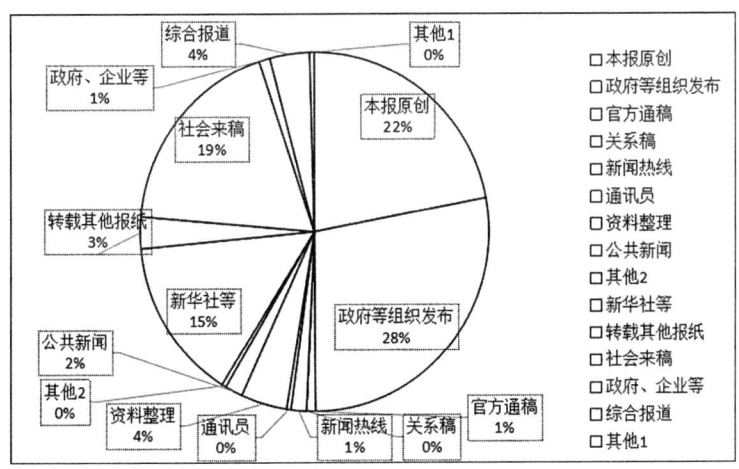

图2—4 2014年《新京报》新闻内容来源总比例

从图2—4可以看出,在《新京报》的新闻内容来源中占比最大的是政府等组织发布的新闻,比例为28%;其次是报纸原创,占比为22%;社会来稿占比为19%;新华社等占比为15%。

(二)《南方都市报》报道体裁和内容来源分析

根据2014年《南方都市报》两个构造周的抽取样本,统计报纸版数共计406个,统计新闻报道共计842篇。《南方都市报》平均每天出版的报纸版面数量为29个,平均每天刊登的新闻报道为60篇。从新闻体裁来看,平均每天消息46篇、评论10篇、通讯3篇、深度报道1篇。从新闻内容来源看,平均每天"本报讯"34篇、新华社、中新社等中央级媒体17篇、社会来稿5篇、综合报道4篇,转载其他报纸、网站的1篇。下面通过四个饼图来揭示其相关比例:

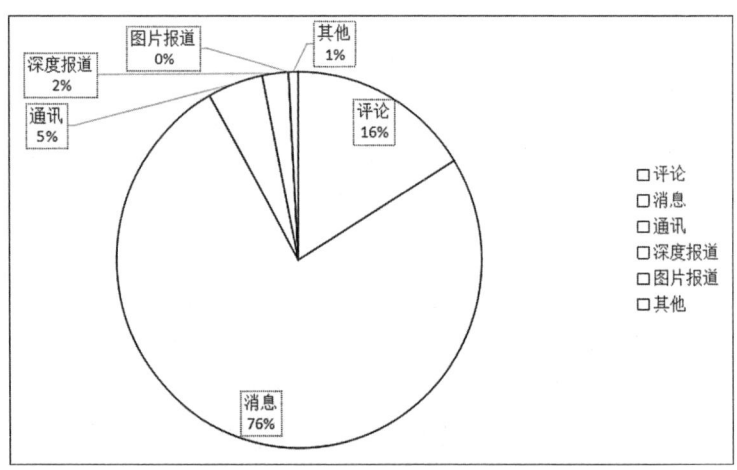

图2—5　2014年《南方都市报》新闻体裁比例

从图2—5可以看出,《南方都市报》新闻体裁比例从大到小依次是消息、评论、通讯、深度报道和其他体裁,其中消息占比为76%、评论占比为16%、通讯占比为5%、深度报道占比为2%、其他体裁占比为1%。

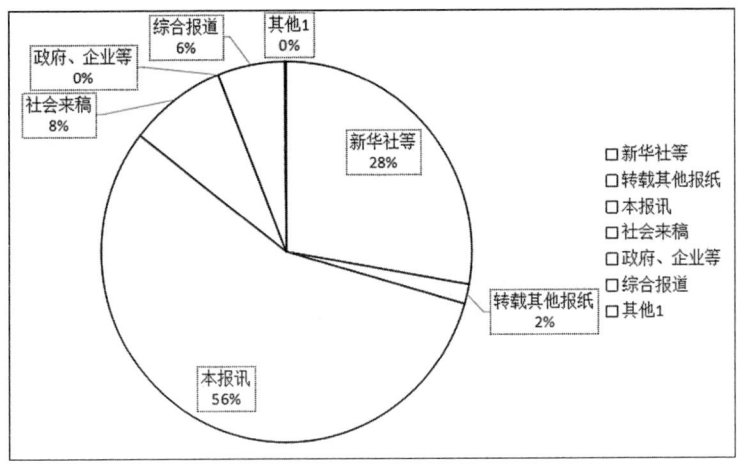

图 2—6　2014 年《南方都市报》新闻内容来源比例

从图 2—6 可以看出,《南方都市报》的新闻内容来源比例中,"本报讯"占比最大,为 56%;其次是新华社、中新社等中央级媒体稿件等,占 28%;排名第三的是社会来稿,占 8%。同样需要指出的是,这里的"本报讯"主要是带有讯头的新闻稿件,并不一定是记者的原创稿件。

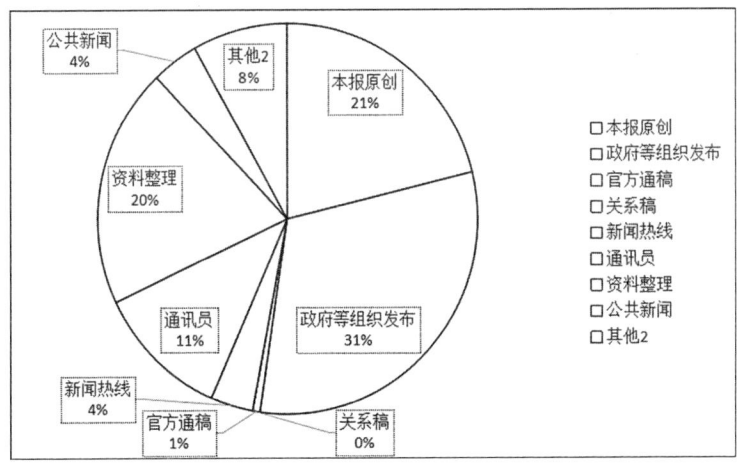

图 2—7　2014 年《南方都市报》"本报讯"内容来源比例

从图2—7可以看到,在图2—5中占比最大的"本报讯"内容来源进一步细分,其中政府等组织发布的稿件占比为31%,属于本报原创内容来源的占21%,来源于资料整理的占20%。

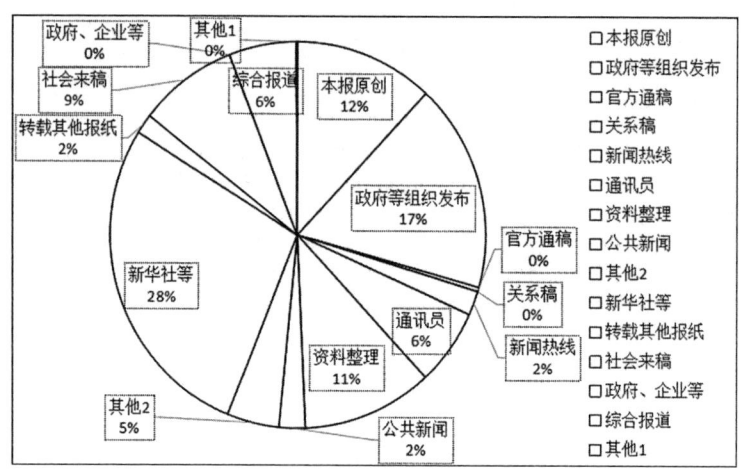

图2—8 2014年《南方都市报》新闻内容来源总比例

从图2—8可以看出,在《南方都市报》的新闻内容来源中,占比最大的是新华社等的稿件,比例为28%;其次是政府等组织发布的新闻,比例为17%;排名第三的是报纸原创,比例为12%;资料整理的比例为11%。

(三)《东方早报》报道体裁和内容来源分析

根据2014年《东方早报》两个构造周的抽取样本,统计报纸版数共计448个,统计新闻报道共计736篇。《东方早报》平均每天出版的报纸版面数量是32个,平均每天刊登的新闻报道为53篇。从新闻体裁来看,平均每天消息36篇、评论6篇、通讯6篇、深度报道1篇、其他如专访类3篇。从新闻内容来源看,平均每天"本报讯"34篇、新华社、中新社等中央级媒体8篇、社会来稿6篇、综合报道3篇、转载其他报纸、网站的1篇。下面通过四个饼图来揭示其相关比例:

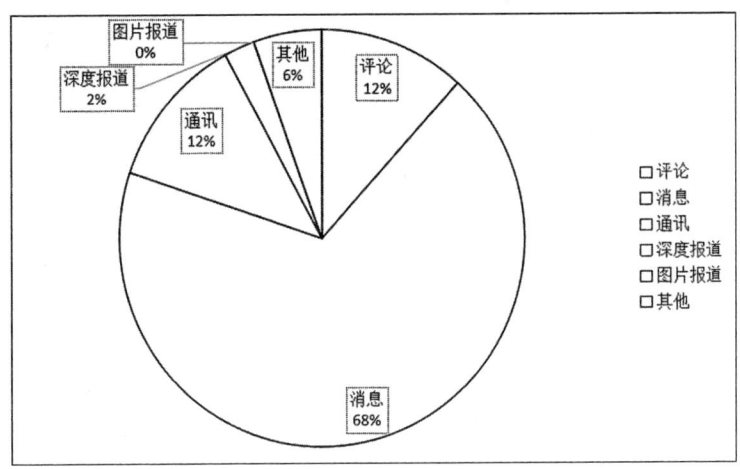

图 2—9　2014 年《东方早报》新闻体裁比例

从图 2—9 可以看出,《东方早报》的新闻体裁比例从大到小依次为消息、评论和通讯、其他体裁、深度报道,其中消息占比为 68%,评论和通讯占比各为 12%,其他体裁占比为 6%,深度报道占比为 2%。

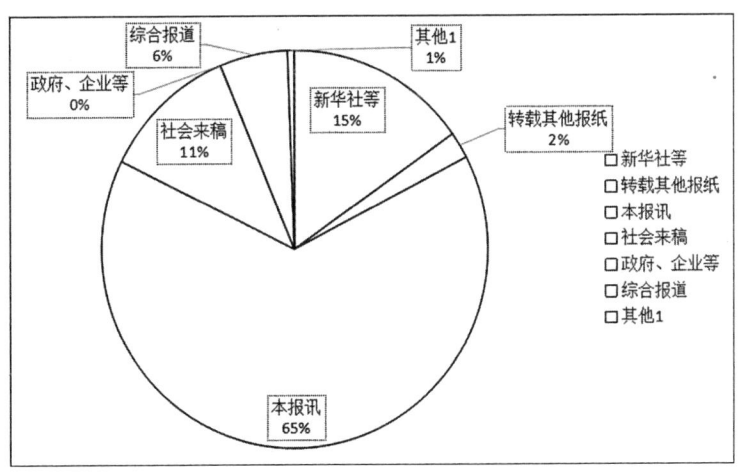

图 2—10　2014 年《东方早报》新闻内容来源比例

从图 2—10 可以看出,在《东方早报》的新闻内容来源比例中,"本报讯"所占比例最大,为 65%;其次是新华社、中新社等中央级媒体的稿件等,占比为 15%;排名第三的是社会来稿,占比为 11%。这里的"本报讯"主要是带有讯头的新闻稿件,但带有"本报讯"的并不一定是记者原创稿件。

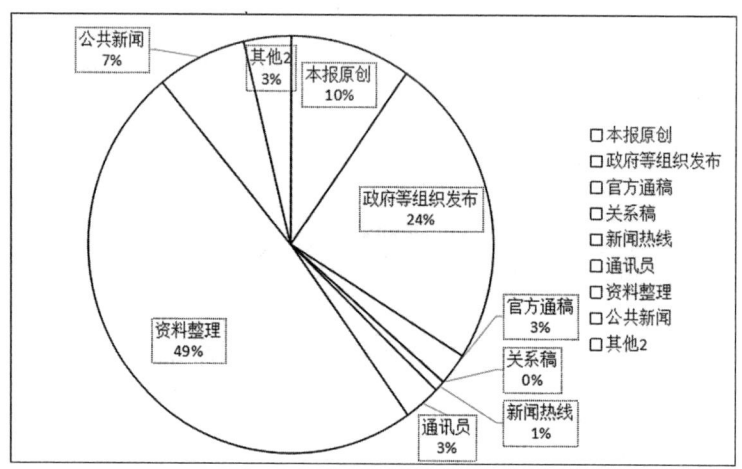

图 2—11　2014 年《东方早报》"本报讯"内容来源比例

从图 2—11 可以看到,对图 11 中占比最大的"本报讯"内容来源进一步细分,其中资料整理的占比为 49%,来源于政府等组织发布的占比为 24%,属于本报原创内容来源的占比为 10%。

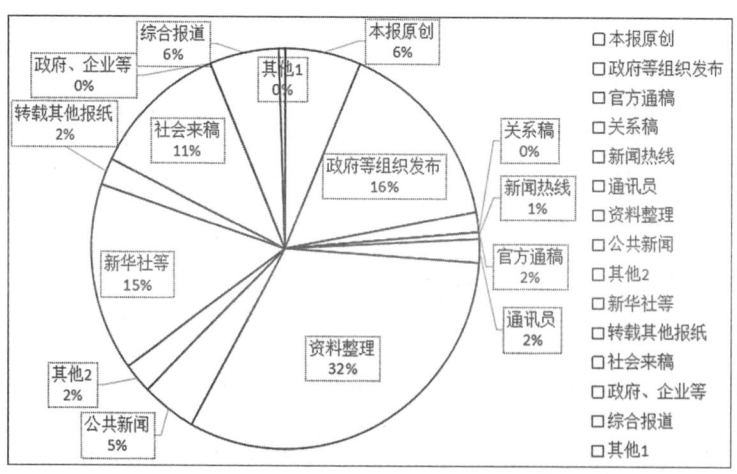

图 2—12　2014 年《东方早报》新闻内容来源总比例

从图 2—12 可以看出,在《东方早报》的新闻内容来源中占比最大的是资料整理,比例为 32%;其次是政府等组织发布的新闻,比例为 16%;排名第三的是新华社等的稿件,比例为 15%;社会来稿比例为 11%;本报原创的比例为 6%。

二、都市报内容分析解读

《新京报》《南方都市报》《东方早报》三家都市报的内容构成,基本上反映了中国都市报内容方面的现状:都市报的内容优势并不存在。一是从内容来源上看,都市报的大部分内容来源于政府机构和新华社等中央级媒体,本地化新闻特别是原创新闻的比例很低。二是从新闻体裁来看,消息的比例过大,而且这类消息大多来源于政府等机构,实用信息含量比较低,与用户的关联性不高。与此同时,深度报道的体裁比例非常低,这也反映出当前都市报在内容深度上与预想的差距较大。

都市报的内容问题是一个老问题,其中既有"内忧"也有"外患"。一方面,在互联网出现以前,都市报自身内容政府化、浮浅化、八股化等特征已经显现,创办初期的锐气逐步消失,内容不断僵化;另一方面,互联网等新媒体出现后,其海量搜索、精确定位、贴近服务的便利性和精准性不断消解着都市报内容的固有优势。内忧外患的双重夹击使都市报价值赖以存在的内容基础日渐式微。

(一)都市报内容优势的消解

都市报与其他报纸种类相比,其突出的优势是时效优势、服务优势和信息超市优势,目前这三大优势在互联网的冲击下已经不再是优势,甚至成为劣势。

1.时效优势的消解

在互联网媒体出现之前,除《北京晚报》等个别报纸,绝大多数都市报都是早晨出报，碰到重大事件会在当天出号外。随着门户网站的崛起，很多国内国际重大政治经济事件、突发事件和社会关注的热点焦点问题会第一时间就出现在互联网上，而都市报则要第二天才能见报。都市报在信息传播速度方面的优势被互联网媒体击败。当然，这并不意味着都市报无所作为。如果都市报能在第二天的报纸上做出不同于前一天网络新闻的内容来，也能吸引读者的阅读。但就目前来看，绝大多数都市报仍停留在转载新华社等国家通讯社所发布信息的层面上，即使进行了相关整合，绝大多数信息也早已经在网络上传播过了。重大事件发生的第二天，读者拿起报纸阅读时，发现很多新闻都已经看过，久而久之就丧失了阅读期待感。

2. 服务优势的消解

都市报素以贴近市民生活著称，在互联网出现前，市民通过阅读都市报了解生活服务方面的诸多信息，都市报也确实起到了指导、引领居民生活的作用。

互联网出现后，多元化的信息发布、查询等平台大量出现。首先，政府机构等相关组织纷纷建起了自己的官方网站，很多信息已能在官方网站上查询，报纸的中介作用被逐步消解；其次，众多商业生活类网站的崛起也给报纸带来了冲击，如专门买房卖房租房的房天下网站、综合生活服务类网站58同城、吃饭推荐网站大众点评网等等，这些网站深入到市民生活的各个角落，涵盖了衣、食、住、行、教育、医疗、招聘等多个方面。网站对市民生活的细分程度和服务深度远远超越了报纸。移动互联时代，这些原本的服务类网站与手机结合，使用户体验更加便捷。在实用性和服务性上，互联网媒体通过技术优势实现了对都市报的超越，都市报的服务优势被逐步消解。

3. 信息超市优势的消解

从目前都市报的内容来看，新闻体裁中消息所占比例最大，《新京报》的消息比例为 61％，《南方都市报》的消息比例为 76％，《东方早报》的消息比例为 68％。

素有"信息超市"之称的都市报在报业竞争中曾经以增加版数来强化这一优势，试图在同城媒体竞争中占得先机。可增加版面并没有取得预想的效果，反而使都市报的生产成本一路上涨。互联网的海量信息存储能力让都市报日益加厚的版面内容优势化为泡沫。借助网络，用户可以自由地选择自己想看的信息，而且同类信息的内容分类和文本链接可以赋予用户"一次看个够"的阅读体验。

以消息为主的传统都市报新闻体裁结构适应了都市报创刊初期的媒体环境。那时社会上报纸种类比较单一，以党报为主。另外，党报长篇累牍的讲话较多，因而都市报主打短消息的体裁很快赢得了读者的喜爱。但在今天，自身内容承载量有限的消息，面对被海量信息包围的用户很难再提供有价值、有深度、有见地的信息，停留在过去以消息体裁为主的报纸内容很难真正吸引用户。

(二)都市报内容的僵化

都市报的内容生产更像是工厂里的产品生产流水线。为了保证报纸产品的标准化生产，报社内部制定了一系列的采编规则。这些纸面上的采编规则与实际运行中的潜规则共同形成把关效应，筛选出符合标准的新闻稿件并构成报纸产品。新闻产品的工业化生产，保证了报纸的出版时效和相对稳定的风格，但同时也使报纸风格变得四平八稳，失去了个性和锐气，都市报内容整体上呈现出政府化、浮浅化和八股化的特征。

都市报内容转型的障碍一方面来自于外部因素，比如政府、广告主对报纸的影响；另一方面来自于报社内部，如报纸内容的生产标准、考核标准和流程控制等。

1. 内容政府化

一份都市报看似本地新闻所占比例不低,大篇幅的文章也不少,但这种本地化不是市民所期待的,更多的时候是按照政府的议程设置进行报道的。都市报内容日益被政府及市场的影响所渗透甚至操纵,呈现出内容政府化的特征。《新京报》的内容来源中,政府等组织发布的消息比例最高,占到 28%,《南方都市报》和《东方早报》的比例也很高。

政府化信息对新闻内容的侵蚀已经成为一个比较突出的问题。这类信息披着"民生"的外衣,大多事关市民的生活,如衣食住行等。然而,此类信息的发布遵循了"自上而下"的视角,与市民"自下而上"的信息需求之间存在鸿沟。尽管政府化信息会经过媒体的"软处理",但依旧无法激发起市民的阅读期待,甚至和市民的所思所想南辕北辙。以 2014 年 12 月都市报对北京地铁涨价的报道为例,都市报上关于听证会的程序合法性报道,与市民面对涨价的不满之间就未形成有效的对接。

政府化信息通常以生硬的数字和模式化的语言为主,没有故事,没有情节,基本上可以预见读者的阅读体验。以都市报上刊登的市政建设信息为例,这些信息是市民希望了解的,但呈现形式总是一条路有多少公里,修建采用了什么技术,投资花了多少钱等,甚至会配上一张工程效果图,报道所占的篇幅还比较大。其实用 200 字就能说明白的一个信息,报纸却用半个版的规模进行报道,造成了信息呈现与读者需求的脱节。

政府化信息对都市报的整体影响十分明显,这不仅表现在这类信息所占版面日渐变大的趋势上,同时在语言风格上也使都市报充满了官僚气。其实这样的情况在日本、美国也很普遍。"我担心的是'政府表示……''外务省认为……'等政治报道的风格会慢慢影响其他版面的报道,使报纸所有版面都变得政治化。"①

2. 内容浮浅化

都市报在报道内容上的另一个特征就是浮浅化,缺乏深度信息。这和都市报的起源密切相关,更与都市报当前的体制机制有着千丝万缕的联系。都市报靠民生新闻起家,理应关注民生新闻。但民生新闻不等同于琐碎新闻、不等同于"菜篮子"新闻,比如今天菜价降了,明天哪种水果涨价等等。随着市民素质的提高,他们关注的热点已经不仅仅局限于日常生活方面的服务信息,对和切身利益相关的政治、经济话题也非常关注。比如国家的退休政策、养老金制度改革、医疗改革,等等。然而,对这些话题的报道和解读不同于都市报所擅长的日常生活类新闻的报道,它要求记者、编辑具备较多的宏观背景信息和一定的专业知识。都市报虽然有向"主流大报"转变的诉求,但限于专业性缺失和报道潜在风险的双重压力,目前仍然停留在以琐碎的民生新闻、社会焦点热点事件替代严肃的公共话题的内容操作路径中,通过不断制造舆论高潮,让市民有所期待、有所谈资,从而维护其在市场中的地位。

从都市报内部的新闻生产流程来看,来自行业内的竞争压力较大。都市报出版周期为日报,版面相对于其他种类的报纸更多。在人手紧张的情况下,每个记者每天的写稿任务相对较重,而对记者的考核主要以写稿数量为标准。在这种情况下,记者的日常采访难免浮于表面,无法做到深入现象或事件背后的深度采访。

深度报道需要较高的时间成本,并存在一定的风险。都市报记者在考核压力下更愿意选择"短、平、快"的报道,不触及敏感问题,花最

---

① 〔日〕中马清福:《报业的活路》,崔保国、艾勤径、高扬译,清华大学出版社 2005 年版,第 37 页。

小的成本产出最多的新闻。笔者在对某晚报的一名记者进行访谈时了解到，该记者跑市政建设口，每月工作量在报社排名前三。由于每天都会接到一些新闻发布会的通知或收到新闻通稿但又分身乏术，于是只好安排实习生去参加。每天下午 5 点左右，他所带的实习生都在忙碌地写稿，有时候实习生有四五个之多。该记者每天的发稿量是一般记者的两三倍，一个月下来工作量也名列前茅。"快餐式"的新闻内容充斥于都市报版面，长此以往，都市报对读者的吸引力自然会下降。尽管都市报通过增加版面进入了"厚报时代"，但是很多读者仍旧感觉没有什么内容可看。

3. 内容八股化

都市报内容八股化主要是指新闻报道从形式到内容日益模式化，缺乏个性化、多元化的语言和思想。都市报的从业者常常抱怨读者阅读一份都市报的时间越来越短，好像读者对他们的劳动成果并不尊重。事实上，都市报刊载的很多内容确实只需要阅读标题，文章内容所能呈现的主要信息元素并不比标题多出许多。

都市报编辑在整个报纸内容生产中承担着重要的责任。编辑在筛选和修改稿件时，会自然而然地倾向使用最稳妥的标准。对风险的规避，一方面来自报社内部的评价和认同，另一方面来自报社外部的压力。所谓"最稳妥"的编辑标准表现在两个方面：一是删改一些"无用"的语言和铺垫；二是除了报社专门组织采写的舆论监督稿件外，直接删除或模糊处理带有指向性的语言。最稳妥的编辑标准导致报纸内容越来越单调和同质化。这种编辑标准又会反过来便引导记者按照这样的标准进行写作。久而久之，不同记者采写的新闻稿件便都表现出同样的面目，记者的风格和特点荡然无存。新媒体时代下的读者在领略了论坛、博客、微博、微信的多元化、个性化的风格后，再去看八股式的新闻内容，效果可想而知。

几乎标准化的报纸内容生产模式在各种力量的博弈中逐渐形成，虽然并未见诸于报社的成文规定，但却切实影响着报纸的内容生产。标准背后既有都市报主管部门的意志和要求，也有报纸负责人的办报方针和思路，还有广告客户的利益考量，也包括编辑记者趋利避害的选择。例如，地方都市报一般不会报道或者淡化报道报纸所在地的负面新闻（例如重大安全事故等）。

第三章　都市报转型的路径依赖与行政推动

　　都市报的价值集中体现在对用户需求的满足上。一旦用户需求发生变化，而都市报本身没有跟上并适应这种变化，就会导致二者关系的疏离、松散，从而引发都市报价值的稀释和衰退。目前都市报发展中遇到的种种问题都是都市报价值稀释的具体表现。把都市报遭遇的困境简单地归结为以互联网为代表的新媒体的冲击，是一个误解。

　　都市报价值被稀释的根源在于都市报改革的滞后与停顿。卓有成效的改革需要以用户为中心、全方位、脱胎换骨的转型，然而目前，诸多都市报的转型仍停留在对细枝末节的修补层面，从办报理念到组织架构，从采编到经营，仍然沿袭着传统模式。现实中，很多报人也认识到了报纸转型的重要性，但多年来的报纸转型依然"雷声大雨点小"，在台面上谈得大张旗鼓，在实践中仍然因循老路。出现这一尴尬局面的原因在于都市报制度变迁中的路径依赖。

　　所谓"制度"，诺贝尔经济学奖得主之一道格拉斯·C.诺思（Douglass C. North）指出："制度是一个社会的博弈规则，或者更规范地说，它们是一些人为设计的、型塑人们互动关系的约束。"[①]诺思认

[①] 〔美〕道格拉斯·C.诺思：《制度、制度变迁与经济绩效》，杭行译，格致出版社·上海三联书店·上海人民出版社 2008 年版，第 3 页。

为,制度大体上由三个基本部分构成:正式的规则、非正式的约束(行为规范、惯例和自我限定的行事准则)以及它们的实施特征。在制度变迁中存在着路径依赖的特征,而报酬递增和行为人的观念是路径依赖的重要特征。

第一节　报人眼中的报纸转型

为了探知都市报一线员工对报纸转型的看法和体会,笔者联系了10家报业集团及都市报,包括浙江日报报业集团、羊城晚报、辽沈晚报、齐鲁晚报、贵州都市报等,对 20 位都市报编辑记者进行了网络访谈。下面选取笔者与 7 位被访者的对话,他们对转型的理解和看法反映了当前都市报转型的现状和问题,颇具代表性。

访谈一:某都市报时政新闻中心主编,工作 23 年

Q1.您认为当前报纸发展遭遇到哪些挑战? 原因是什么?

1.新媒体对纸质媒体的冲击;

2.新闻内容的匮乏和浮浅

3.新生读者关注度越来越低。

Q2.您对报纸的未来和个人的发展是如何考虑的?

受新媒体冲击严重,报纸今后将逐步萎缩,一些地区读者量较小的报纸会逐渐消失,但是各地都会存留一部分精品报纸。存留的报纸,必须是由有深度、有思想的报道来支撑,蜻蜓点水、浮光掠影式的报道将被新媒体替代。

从个人来讲,将积极对接新媒体,学习新技艺,掌握新的表现和呈现方式,同时,将传统媒体的业务技能嫁接到新媒体当中,遇到合适的工作机会,将义无反顾地跳槽。

访谈二：某都市报夜班编辑，工作 11 年

×报这几年一直在转型，作为其中的一员，却没大感觉到，改版、组建新媒体中心、搞 App，感觉都是自己在哄自己："我们在转型，至少我们在尝试。"之所以这样说，是因为报社的"根本"未变，从领导到记者、编辑，大家的思维方式并没有真正的变化，远远落后于同行，更落后于时代。

当大家都在运用大数据的时候，我们却不知道我们的数据在哪里，我们不知道我们的读者都有哪些人，他们想看什么样的新闻，他们的评价是什么。

报纸发行一方面加大投入，提高发行量，但当报纸送不到读者手中时，却没有问责，甚至对读者——我们的上帝大大不敬，有的读者订户甚至一两个月收不到报纸。在这样的体制面前，再多的努力也会化为乌有。国内多数都市报都是政府机关报的子报，或者隶属于政府机关或大型企事业单位，再加上宣传部门时刻盯着不放，体制没有变化，自己又无法突破的话，都市报的冬天不会过去，只会加重。

访谈三：某都市报编辑，工作 16 年

Q1. 您在报社从事什么工作？几年了？

记者 2 年，编辑 14 年。

Q2. 您认为当前报纸发展遭遇到哪些挑战？原因是什么？

1. 纸媒时效性差，受到网络冲击巨大；

2. 读者阅读习惯变化，获取信息的渠道越来越多，读者流失严重；

3. 报纸的影响力将越来越弱。

Q3. 您对报纸的未来和个人的发展是如何考虑的？

1. 纸媒将迅速收缩，读者群也将越来越老龄化；

2. 报纸衰落在近年内将加剧；

3. 个人发展：有机会将转战新媒体。

访谈四:某都市报编辑,工作 17 年

Q1.您在报社从事什么工作？几年了？

编辑,17 年。

Q2.您认为当前报纸发展遭遇到哪些挑战？原因是什么？

广告刊登额下滑,面临生存危机。

原因:国内经济疲软,房地产汽车等行业广告投放大幅减少;传统纸媒受新媒体冲击,报纸订户阅读量减少,广告客户被分流。

Q3.您对报纸的未来和个人的发展是如何考虑的？

报纸还会经过几年痛苦的挣扎期,挺过去,应该是报纸的理性回归。

访谈五:某都市报记者,工作 13 年

Q1.您在报社从事什么工作？几年了？

记者,13 年。

Q2.您认为当前报纸发展遭遇到哪些挑战？原因是什么？

报纸质量没有跟上时代的发展,没能转型,社会新闻依然占据大量版面,这种低端的内容必然会被读者嫌弃。相对网络媒体的海量内容,报纸在容量上没优势,在品质上如果再不能突破,只有死路一条。

Q3.您对报纸的未来和个人的发展是如何考虑的？

挺着吧。

访谈六:某都市报记者,工作半年

Q1.您在报社从事什么工作？几年了？

记者,半年。

Q2.您认为当前报纸发展遭遇到哪些挑战？原因是什么？

1.时效性较差,当天的新闻要第二天才能看到。

2.阅读人群缩小,会用电脑的人大部分都不会看报纸。

Q3. 您对报纸的未来和个人的发展是如何考虑的？

多刊登有意思、读者关心的新闻。我们作为记者除了要多报道一些好的新闻外，还需要加强文字功底，应该让读者在阅读时感觉到轻松、有趣。

访谈七：某都市报记者，工作 14 年

Q1. 您在报社从事什么工作？几年了？

记者，14 年。

Q2. 您认为当前报纸发展遭遇到哪些挑战？原因是什么？

对广告依赖度太高，受新媒体影响，广告下滑厉害；垄断行业缺乏自我革新的动力。

Q3. 您对报纸的未来和个人的发展是如何考虑的？

越来越差，机关报依赖财政支持而生存，都市报将面临合并甚至倒闭的结局。

第二节　价值稀释背后的路径依赖

从宏观层面看，我国的报业体制变革属于政府主导、市场推动的渐进式改革。回顾我国报业体制三十多年来的制度变迁，以"事业单位，企业化管理"为开端，报纸的市场化改革逐步推进。从创办都市报到组建报业集团，从资本上市到跨行业发展，报纸的市场主体地位不断确立。2011 年 5 月，中共中央下发了《关于非时政类报刊出版单位体制改革的意见》，报社的转企改制被提上议事日程。截至目前，转企改制在全国已基本完成。都市报作为非时政类报刊中的主力军，与党报的改革发展路径截然不同，从诞生之初就完全面向市场。目前，都市报这一报业群体已经建立起与社会主义市场经济相适应的报业体制。

从微观层面看,围绕采编、经营、管理、发行等各环节,都市报已建立起一系列的规章制度。这套制度曾经极大地推动了都市报的发展,而且至今仍在发挥着重要的作用。

从新制度经济学的角度看,一种相对低效率的制度如果能够在一定时期内长期存在,其原因是多方面的,如政策制定者的矛盾心态、原有制度矩阵、观念上的迟滞、既得利益集团的阻力,等等。虽然都市报的读者群体人数在减少,经营收入在下降,但其尚未走到关乎存亡的时刻,只是日子没有以前好过,挣钱没有过去多,影响力没有以前大而已。如果将目标定位于生存这一层次,都市报目前实行的制度依然有效。然而,都市报如果想重现辉煌、实现跨越式发展,该套制度的相对有效性反而会强化制度变迁的路径依赖,从而造成转型乏力。

我国都市报经过三十多年的发展,已经形成了一套相对稳定成熟的采编经营管理制度。这套制度涵盖了都市报产业链条的各个环节,从内容生产到广告经营,从报纸发行到人事管理。制度中的各个环节已建立起了相对均衡的状态,使得各方面的利益得到了平衡。现存制度下的均衡与转型要求的尝试产生了矛盾:原有制度不再适应新的市场需求,要转型就必须改革;现存制度的保守性以及制度间的关联却使得制度变迁的惰性更强。

一、政策制定者的矛盾心态

目前,多数都市报都是报业市场化改革的受益者,不少报业集团也因为旗下创办的都市报享受了很好的社会效益和经济效益。都市报作为报业集团的主力军和顶梁柱,担负着为集团扩大影响力和经营创收的双重任务。对于报业转型这个带有相当风险的改革,报纸负责人往往会出于全局稳定的需要,既希望都市报能够在转型中探索出一条新的发展路径,同时也担心转型失败会影响整个大局的稳定。由于制度变迁的不确定性,政策制定者处于矛盾心态之中。

都市报管理层当下的心态与都市报创办之初截然不同。改革开放初期,都市报创办之时,报纸没有历史包袱,并且正逢市场经济快速发展的年代,市民阶层逐步形成,市民的信息需求旺盛,都市报的采编经营制度运转又比较高效。当年只要办出来的报纸,基本上都有市场,都能挣钱,都市报也出现了十余年的黄金发展时期。

我国的都市报大多属于党报集团旗下的子报,同时是党报集团的主要收入来源。报纸的政策制定者对都市报可观的经济效益及这种效益带来的巨大改变有了充分认识,导致对都市报的经营利润过分重视。这种重视与都市报转型的不确定性叠加在一起,导致政策制定者产生患得患失的矛盾心态,转型方向模糊和动力不足。大量的资金投入并不一定能保证转型成功,但转型必须要投入大量的资金。当拿着都市报越来越难赚到的钱投入到不知道何时才能见到利润的转型中去时,决策者内心的纠结可想而知。

报业集团的政策制定者大多是党报集团的负责人,拥有报人和官员的双重身份。政策制定者的官员身份决定了其在制定决策时更多的是考虑求稳,回避转型带来的潜在政治风险和市场风险,往往采取渐进式转型的路子,试探性地前进。

同样,在西方的报纸转型中,报纸带来的利润也使其转型进程变得彷徨与多变。《纽约时报》作为世界报业转型的先行者,同样存在这一问题。"我们的领导层知晓这一点并且我们已经涉足这些方向。然而日益清晰的是,我们并没有带着足够的紧迫感去行动。这或许是编辑部门与其领导层要面对的唯一且最重要的长期挑战。我们能够理解,当下一些因素放慢了这一复杂的转型。四分之三以上的广告收入和订阅收入仍然来自于报纸,我们大多数的员工在他们的职业生涯中所锻炼的是在纸媒中成功的技能。"①

　　都市报转型是一场都市报与读者之间关系的深刻变革,需要颠覆原有的制度重新架构新的制度才有可能实现。渐进式转型策略看似回避了风险,试图通过对原有制度的小修小补重新赢得市场。然而,试探性的改变而非系统性、整体性的转型缺乏战略规划和顶层设计,转型成果难以为继。

　　渐进式转型决定了脱胎于传统媒体的新媒体从一出生就"先天不足",在配套机制、资金、人才上无法和真正的互联网企业相提并论。因而,传统媒体的报网互动、全媒体转型等等虽然推进了多年,但"报人办网、十年不成",至今仍缺少成功的案例。

二、效率优先制度体系的过时

　　都市报是在市场经济的发展中逐步成长起来的,这决定了都市报的制度体系是以市场效率为第一标准建立起来的。因为都市报要面临激烈的市场竞争,无论是新闻采编还是广告经营,都必须优先考虑效率。这种对效率的追求表现为都市报的制度体系的建立以绩效考核为核心。

　　绩效考核是一种以量化指标为参照的评价体系,本质上是一种适应多个部门、岗位各司其职、进行标准化生产的激励制度。而在今天,这种绩效考核下的都市报运营已经不再适应分众化、个性化的用户需求。用户需要的是有个性、有创意、真正贴近需求的产品,这种产品的生产不再单纯依靠效率,而是取决于创意和整合。

　　当都市报从上到下都在绩效的"指挥棒"下为了稿件的数量和经营指标而忙得身心俱疲之时,谁还能独善其身地去思考用户真正需要

---

① *The New York Times Innovation Report*,检索于 http://www.presscouncil.org.au/up-loads/52321/ufiles/ The_New_York_Times_Innovation_Report_—_March_2014.pdf.

什么样的产品？即便有这样的思考和行动，也很快被淹没在更为实际的绩效追求之中。

(一)绩效考核主导的制度体系不断透支发展潜力

在都市报现有制度体系中，处于核心层面的绩效考核制度是媒体实现质量管理和调控的重要途径。绩效考核直接与媒体从业人员的收入挂钩，因此也是媒体对从业人员能力评价的主要标准之一。尽管都市报还设有其他制度进行质量控制，如每天的采前会、编前会进行新闻调度，每周的新闻例会进行点评，每天评选好新闻、好版面等，但这些制度的执行力度和贯彻效果不如绩效考核那么显而易见和相对稳定，受个人因素的影响较大。

绩效考核既面向基层从业人员，也涵盖了中层乃至高层的管理人员。除了"用数字说话"之外，绩效考核还包括软指标，例如报纸影响力的扩大、受上级宣传部门嘉奖的次数(一般是宣传部门的新闻阅评)等。基层人员的考核主要通过每月稿件、版面数量对记者、编辑进行考核，同时引入稿件、版面的质量指标；管理人员的考核则主要对中层人员、高层人员在一个时间段内(高层人员一般以年为单位，中层人员考核时间段并不固定)所负责的报纸经营收入利润为指标进行考核，同时也会参照其他新闻采编指标。

学者肖燕雄在其 2008 年出版的《微观新闻制度论》一书中曾指出绩效考核的弊端：重量不重质，功利思想趋向严重，激化内部竞争等。在创办及快速发展时期，都市报的转型需求不像今天这么迫切，这一弊端的负面影响也尚在都市报的可控范围内。然而今天，过去的绩效考核制度已经严重束缚了都市报转型的手脚。无论是报纸的高层管理人员还是一线采编人员，面对着严格量化的考核指标，无一例外地会继续沿着过去的路径前行。一方面，走老路的风险小、成本低；另一方面，从业者对转型的收益预见不确定，积极性很难被真正调动起来。

即使认识到转型改革带来的好处,原有考核体系内的人员也不愿意贡献自己的力量,"搭便车"心理流行。南都报系行政总监刘庆认为:"市场化的报纸一直引以为傲的是建立了一套与绩效考核挂钩的激励机制,为报业采编、经营培养了大批的人才,为报社创造了巨大价值。但评价标准的长期稳定,让员工失去了创新的动力。"①

1. 阻碍专业人才的成长及其作用的发挥

都市报最为宝贵的资源是专业人才。绩效考核过度追求新闻数量,忽视新闻质量,在一定程度上阻碍了专业人才的成长,降低了新闻行业的专业水准。"名记者""名编辑"等专业人才长期以来培养不出来,即使培养出来也用不好、留不住。这种阻碍作用具体表现在以下两个方面:

一是新闻品质下降,难以出现真正具有影响力的稿件。绩效考核体系下,从业者的写稿、编版数量直接与收入、年终评优等各种待遇挂钩,导致新闻从业者的功利化趋向,即为了挣钱而写稿,他们的新闻理想和新闻专业水准不断被金钱冲淡。

绩效考核主要以稿件数量和稿件篇幅为指标对记者的工作量进行评价,"多写稿""写长稿"比"写好稿""搞调查"更占"便宜""性价比更高"。于是"跑场子""硬写"成为一些记者的工作常态,800 字的消息"注水"到半个版的篇幅。自己一个人分身乏术时便找实习生代劳,甚至开始"编新闻"。都市报新闻内容的专业性在"注水""垃圾"稿件中被不断稀释。笔者在对某都市报工作量排名前三、多次被评为"优秀记者"的一位记者进行深度访谈时获知:"我从来不看自己写的稿子,写完了就是写完了,甚至连自家的报纸也不愿意看,唯一看的动力就

---

① 刘庆:《融合环境下媒体组织架构的调整与响应》,《中国记者》2014 年第 10 期,第 48—50 页。

是看看自己的稿子当天见报了没,发了多大,至于内容从来不会再看第二遍,不过我每天都会看我的工作量排名,有时候一天看上好几遍,一边看一边算,看看这个月能排第几,收入能不能过万。"

二是新闻工作沦落成拼体力和热情的工作。年轻人凭借体力和热情的优势,不断"冲击"老记者。资深记者的经验和思想无处发挥,成无奈换岗,或走上管理岗位。"我国新闻媒体没能为优秀编辑记者提供上升空间,人才流失现象严重。随着年龄的增长,很多记者难以适应一线快节奏的工作和竞争状态,如果不能被提拔为领导,就只有跳槽走人。"①

长此以往,都市报一线采访队伍中的大部分人便都是 20 多岁的年轻人,跑的还是那些行业,走的是"前辈"走过的路,但因为没有老记者的经验传承,这些年轻人依然要经过低水平的采访阶段,等到有了经验和阅历发现自己又成了老记者,就开始思考"退路"了。"从新闻行业的实际情况来看,我国新闻从业者已经呈现出明显的'年轻化趋势',女性一过 30 岁、男性一过 40 岁就觉得老了、没有发展空间了,就纷纷为自己找退路。"②这种新老从业者的恶性循环,造成了都市报最为宝贵的专业人才资源的浪费和流失,使得都市报的专业经验积累变得非常薄弱,产生不了高素质的"名记者""名编辑",也生产不出具有较大影响力的新闻,从而使都市报的所谓内容优势在转型中能发挥多大作用变得不可预知。

2. 追求短期利益,忽视转型布局

绩效考核容易使决策者追求短期利益,忽视长期利益,这在经营

---

① 中国社会科学院新闻与传播研究所创新工程"新闻传播发展趋势研究"项目组:《中国新闻传播的发展——现状与趋势报告(2012—2013)》,中国社会科学出版社 2013 年版,第137—138 页。

② 曹茹:《新闻从业者职业倦怠研究》,中国传媒大学出版社 2008 年版,第 232 页。

指标的考核上表现得更为明显。都市报每年都会制定新的经营任务，其利润同决策者包括员工的收入直接挂钩。在这一机制下，事关都市报发展的决策制定便容易偏重短期效益，缺乏"功成不必在我"的战略布局。"光产出、无投入"的状态严重透支了都市报的发展潜力、固有影响力和品牌美誉度。对短期利益的追求与都市报转型的长期性、复杂性形成矛盾。

都市报转型是一项长期的系统工程，具有一定的风险性，需要顶层设计的配合和持续不断的尝试。试验的过程难免会出错，经济上的损失也不可避免。《纽约时报》早在 1996 年便开始其转型之路，虽然转型效果至今仍存在一定争议，但其探索的勇气和执着却值得称道。我国都市报如果过度执迷于眼前利润，不能主动积极地进行转型探索，无疑会在激烈的竞争中错失机遇。

(二)专业培训和职业上升空间的制度性缺失

澳大利亚《堪培拉时报》的编辑杰克·沃特福德在《新闻业处于黄金时代吗?》一文中谈到："规划职业道路，员工的训练、培养和晋升方面所遇到的挑战依然是最大的，或许也是最容易被忽略的，当前的状况大抵如此。不同的是，现在多数报纸投资巨大，因而很容易忘掉每天从报社流失的人员才是他们最宝贵的财富资本。"[①]

这一问题在我国表现得也十分突出。国家新闻出版广电总局新闻报刊司卓宏勇在《我国新闻记者现状及管理情况分析》一书中一针见血地指出："在人才培养方面，媒体重使用轻培养，人才流失问题凸显。"[②]

---

① 屠忠俊:《南十字星座下的新闻学思考》，华中科技大学出版社 2009 年版，第 8 页。
② 中国社会科学院新闻与传播研究所创新工程"新闻传播发展趋势研究"项目组:《中国新闻传播的发展——现状与趋势报告(2012－2013)》，中国社会科学出版社 2013 年版，第 137 页。

在绩效考核制度不断被强化延续的同时,从业人员的专业培训和职业发展空间却面临着较大的制度性缺陷。这一缺陷表现在两个方面:一是员工的专业素质无法有效地得到提升,这里的专业素质既包括采编人员的新闻专业素质,也包括经营人员的经营素质;二是都市报从业人员上升渠道"狭窄"的瓶颈始终无法突破。

1.专业培训缺失

都市报现有的培训仍是以邀请名人学者讲座、业务研讨会、短期外出培训等为主,培训内容并不专业,培训效果也流于形式,科学合理的专业培训制度尚未建立。

专业培训制度的缺失既受决策者的认识水平问题的限制,也受都市报发展现状的制约。都市报的决策层面更倾向于在具体办报实践中提升员工的专业素质。此外,都市报出版节奏紧张,人手相对紧缺,组织专业培训必然会与报纸日常工作发生冲突。

然而,专业培训制度缺失带来的问题正在慢慢凸显。已离职的某都市报记者 A 在刚入报社时充满了理想和干劲,却在从业第六年辞去记者一职并考取了公务员。笔者在对其进行深度访谈时,他提到:

> 在报社六年,我已经这么卖力了,但我的新闻写作水平和一年前、两年前是没有区别的,虽然我自认为我在报社属于写稿不错的,但是我已经停留在那个地方了。当我把这个担忧告诉我们主任时,我们主任却说你不存在这个问题,你的稿子已经写得很好了,没事,别担心。我也有很多机会去别的岗位,跑别的更好的口,我之所以没走,是因为我想一直在这行业里干上十年、二十年,探索出一条路来,既是专业记者,又能和其他结合得很好。但是我发现我已经进入"瓶颈"了,当然我也有惰性,当有的通讯员与我通了电话,我就大概知道这个新闻该怎么操作,因为我已经摸透了写作的路数。

但关于稿子如何写，如何结构设计，如何谋篇布局、遣词造句，这就没人管了，编辑只管一段一段地删，主任只看错别字。这样下去我只能算个好记者，底子还不错，但成不了优秀的记者，因为缺乏传帮带的人才培养机制。

报社缺少一个可以准确测评记者当前处在什么阶段的合格的人力资源部。根据多年来大家的成长历程，报纸应当根据记者所处的阶段进行具体的指导，比如需要去高校培训还是去其他报社交流锻炼等。我们报社没这样的机制，记者进来以后就是"放羊式"的成长，一般没有明确的职业规划方向，也很少有人把自己的职业梦想设置到 40 岁。当专业水平上升到一定阶段，大家就开始熬资历，干五年和干十年的区别是认识的人不一样，人脉广度不一样。很多老记者干到最后，他的业务水平也不一定比得上刚入行的新记者，因为他的最高水平就是入行后的第二年的水平，之后他保持这个水平就可以在报社混下去了。他可以不出彩，但他知道如何投机取巧，怎么写一个整版，特别是在版面多、稿子少的情况下，无论对稿件怎样注水，也不影响稿件评比、评优秀记者，这就是报纸面临的状态。

从辞职的记者 A 身上我们可以看到，由于缺乏因人制宜的专业培训，从业人员的新闻理想和新闻职业专业性会随着工作年资的增长和惰性的增长而不断被消解。当记者职业变成一种狭窄的"熟练工种"时，其职业归属感、工作成就感和职业吸引力便相应下降。在新闻业本身绩效考核压力大、工作节奏快、收入一般的情况下，从业人员便开始流失。

2.上升渠道狭窄

目前，多数都市报采用"半企业、半事业"的管理体制。在这一体制下，从业者被划分为业务人员和管理人员两大类。作为业务人员的编辑记者要想提升,只有进入管理人员的序列中,通过"当官"的途径来实现。

在职务晋升体系下,更高层级的职务相对稀缺,新的人才能力评价标准尚未确立,都市报逐步"积累"了一批有一定能力而又没有职务的编辑记者和经营人员。特别是在报社工作了五年以上的编辑记者,他们开始面临职业上升空间和经济收入瓶颈的双重焦虑。

都市报新闻从业者面临着后有绩效考核、前无发展空间的双重挤压,其中少数人通过职务升迁实现了身份的转变,但更多的人只能在这一挤压下继续原有的工作。当只有"当官"一条路时,都市报从业者的职业发展空间被大大压缩,与职业发展相对等的收入待遇也长期得不到相应的改善。面对这种现状,不少从业者或者"思变",或者自我"边缘化"。所谓的"思变",是寻找合适的时机跳槽;而"边缘化",则是在报社组织内不再有所追求。

近年来,都市报的离职人员数量总体呈上升趋势,流失方向主要为公务员、银行保险业、国有企业、高校等。从当年都市报创刊时大批人员辞去公务员职位去当记者,到如今一批批编辑记者辞职去考公务员,这一现象背后折射出的体制因素值得我们深思。笔者在对某都市报人力资源负责人进行访谈时了解到,2007年,该报从全国几大名校招聘的十二名记者中,有六名记者在不到五年的时间内辞职,其中有的进入北京的网站工作,更多的是考上了中央或省级的公务员。

三、既得利益群体和观念上的迟滞

制度变迁是"非帕累托改变",任何一种体制改革都会涉及利益关系的改变。都市报创办三四十年,转型难免会触动既得利益群体的利益。

尽管都市报的从业者对都市报的发展现状不满意,也有对改革的期望,但这并不足以推动都市报真正实现转型。决定都市报能否或在多大限度上推进转型的,是报社既得利益群体的态度和行动。这一人群多是报社的管理人员和资深采编人员,他们进入报社时间较早,经历了报社的"福利时代"和都市报的快速发展期,从经济状况、社会地位等各方面对个人现状较为满意。都市报转型带来的不可预知性,使其从内心深处保持审慎的态度。在科层制的组织关系下,报纸负责人基于任期和升迁的考虑,在转型上通常采取稳妥甚至保守的策略,这也是都市报转型尝试十余年却鲜有突破的重要原因之一。

目前,多数都市报并非独立法人。一方面,集团对旗下都市报制定了严格的经营利润考核指标;另一方面,都市报在事业发展上并没有相应的自主权,涉及资金的项目需要集团层面审批。都市报上报的项目除了审批流程繁冗之外,还有可能因为与集团总的发展规划或者集团负责人的发展思路相冲突而被否决。

此外,都市报内不成文的非正式约束,如领导喜好、办报理念、经营理念、做事习惯、工作氛围等,逐渐内化成每位从业者的日常行为准则。

某都市报一位离职记者在谈及都市报现状时坦言:

> 制约都市报转型的因素一种是惯性,一种是惰性。惰性就是我们虽然活不了更好,对未来缺少更好的期待了。比如记者年薪 20 万、30 万,可能几年前还能设想一下,现在也不想了,报纸还能活,日子还能过,一改的话可能就一下子倒闭了、破产了,或者说裁员了。如果不改的话,我们也能维持。毕竟我们盘子这么大,广告多一点少一点,大家收入降也降不了多少,就是个工作而已。还有一种是胆识,不敢为天下先,连模仿的对象都没有,所以不踏实。报纸转型成功的标志应该是不但能活着,而且能活得更好。

第三节　科层制组织的壁垒

"'组织是否重要?'对这个问题历时已久的研究明确作出回答:在组织领域里,组织事务指的是媒体的组织以及代表组织权力和影响的最重要的人物。他们设计了组织路径以适应报纸既定的需要;组织结构取决于报纸的当权者,在他们认为必要时,组织结构会被改变。"①

都市报目前实行科层制组织结构,即纵向分权,横向分工。"科层制是一种以正式规则为主体的管理方式,这种组织具有细密的分工和复杂的规章制度体系。"②科层制作为当今社会普遍采用的管理方式,其主要特征是"(1)权力分层,职务分等;(2)因事设职,专职专人;(3)量才用人,按绩晋升;(4)规章成本,按章办事;(5)公文往来,言行有据"③。

20 世纪 80—90 年代,都市报版面较少,一般以四个版面为主;编辑记者也较少,一般在几十人左右的规模;报纸的部门设置也较为简单,以新闻部、副刊部、热线部、文体部、群工部为主。科层制的管理方式专业分工明确,效率较高,执行力较强,对当时都市报的发展起到了很好的促进作用。

随着社会的发展,报纸生态与用户需求发生了变化,从标准化产品转向定制化产品,"使用体验"和"一站式服务"受到重视。这些变化促使传媒组织运行机制从效率优先、执行优先向服务为先、综合为先转变。越来越多的新闻报道、活动策划、广告经营需要跨部门的沟通合作。但在目前的科层制管理方式下,报纸的设置结构仍然沿袭着传

---

① 屠忠俊:《南十字星座下的新闻学思考》,华中科技大学出版社 2009 年版,第 49 页。
② 郑杭生主编:《社会学概论新修》(第 3 版),中国人民大学出版社 2003 年版,第 214 页。
③ 吴增基、吴鹏森、苏振芳主编:《现代社会学》(第 5 版),上海人民出版社 2014 年版,第 154—155 页。

统的部门设置,只是增加了部门设置的数目,细化了职能分工而已。

一、科层制的缺陷

在科层制金字塔式的组织结构中,权力越往上越集中,命令越往下越分解。这一组织结构的弊端在于:(1)增加了沟通困难,层级越多,信息在上传下达中越容易失真,导致决策失误和执行偏离;(2)增加了条块分割,过于强调部门分工,使部门之间缺乏合作沟通,竞争有余,合作不足;(3)容易导致"官本位"出现,权力的分层强化了等级观念,使职位的争夺成为内部运作的动力之一。科层制的缺陷具体表现在以下几个方面:

一是权力分化导致的视野窄化。都市报的权力分层在采编方面从上到下依次为总编辑、副总编辑、部门主任、记者/编辑四个层级。其中,总编辑全权负责整个报社,副总编辑分管两到三个业务部门,部门主任管理各自部门中的记者、编辑。都市报组织结构的纵向分工体现在部门设置上:以总编室(要闻部)、时政部、经济部、机动部、文化部、体育部、特别报道部等为主要新闻采编部门,每个部门都有明确的职能分工。都市报在采编、经营上实行"两分开"政策,这虽然保证了新闻采编的独立性,但也对采编与经营之间的沟通交流造成了明显的障碍。

每个新闻采访部门都对应着相应的政府部门和行业,每个政府部门和行业又有对应的"跑口"记者,这样新闻采访权就被细化到了一个个具体的记者身上。在传统新闻竞争中,采访权的细化对于都市报争抢独家新闻具有重要影响。每个记者只要做到"守土有责",报纸就不会漏稿。然而在互联网时代,这种"争抢独家"的现象被不断消解,并最终导致"跑口"记者出现报道领域的限制,采访视野不断窄化,缺乏合作共享意识。记者采访的稿件内容往往是某个领域的新闻,但同时又包含着其他领域的信息要素,对于这些丰富的信息,记者就可能将其作为不相关的冗余信息而主动筛除，结果造成新闻资源的浪费，使新闻内容品质降低。

二是"门户之见"导致组织协调困难。不仅仅记者、编辑被细化、分化的岗位职责所限制，报社的中层甚至高层管理人员也容易陷入"门户之见"。通常情况下，报社的一名副总编辑分管两到三个业务部门，业务部门主任只对分管的副总编辑负责。一旦涉及跨部门的合作，部门主任就需要副总编辑之间甚至总编辑的协调。

这种协调带有个人性、短暂性和随意性。协调是否顺畅以及合作力度的大小在很大程度上取决于领导的个人意志，协调的驱动力过度依赖领导的个人能力，而不是自下而上地源于报纸对用户需求和市场变化的自觉反应和自动执行。科层制下，协调的方式主要以会议实现，成效具有即时性而非长久性；组织协调的适用范围多为重大突发性事件，而非日常新闻报道。以2008年汶川大地震为例，很多都市报集全社之力，派出报道团队赴四川采访，推出了专版、号外，组织街头募捐活动，组织赈灾义演等，取得了很好的社会效益。然而，其实面对市民平淡而琐碎的日常生活才是都市报的常态。如何在日复一日、年复一年看似单调重复的生活中更好地服务市民，才是真正考验都市报办报水平的关键。

三是官僚主义作风滋长。科层制本质上要求对上负责，这就决定了很多决策不是根据市场变化和用户需求，而是为了满足上级要求而作出的。比如，某家省级都市报的前任总编"机械"地执行上级办报意图，记者、编辑怨声载道，但又不得不执行。后来总编更换，于是办报方针完全改变。官僚主义还体现在具体的办报实践中，领导重视的新闻就"重做特做"，不仅版面多，而且篇幅大。用户需求让位于领导要求。在科层制的结构中，个人工作的评价和个人升迁不取决于用户，而是由上层领导掌控。

二、科层制对转型的影响

都市报转型的关键在于调动来自内容、服务、渠道、终端等多个方面的资源，以此重构报纸与读者之间的关系。而要调动多方面的资源，则需要建立一个资源自由流动、不断组合裂变的资源整合机制，从而实现"1＋1＞2"的效果。科层制本身存在的弊端阻碍了资源的流通、信息的共享和创新精神的发扬。

科层制还导致都市报资源的碎片化分布。报纸经营部门拥有一定的广告客户资源，采访部门拥有相应的政府和行业资源，编辑部门拥有报纸的版面资源，新媒体部门掌握着网络资源。虽然这些部门在隶属关系上都从属于同一张都市报，但每个部门都有各自的具体利益，缺乏主动合作的精神。分散在各个部门的资源处于相对隔离的状态，这无疑对盘活资源是一种浪费。都市报在多年来的办报过程中积累了不少好的经验和做法，比如高考时推出高校报考指南；冬季供暖季节推出供暖服务指南，开通供暖服务热线等，很多措施做到了市民的心坎里。然而这些好的经验和做法只限于某个承接部门，缺乏与其他部门的合作共享。如果把高考报考指南、供暖服务指南与报纸的App 软件相结合，就会大大提高 App 软件的服务性，增强用户黏度，同时也会让这些纸质的服务指南在网络上具有更长的生命力。

科层制导致了都市报信息资源的孤岛式存在。在科层制结构中，权力垂直运行，记者、编辑对所在部门主任负责，部门主任对分管领导负责，分管领导对总编辑负责。权力的垂直运行，使来自采编一线的信息只能在部门内部流动，无法在部门间交流共享，成为"孤岛"。例如，当经济新闻部的一名记者获得一个新闻线索时——某省要召开全省民营企业家大会，该记者便把这个新闻线索上报给部门主任，部门主任会上报给分管领导。而这个时候时政新闻部正打算联系一位知名企业家进行采访(按照正常采访程序,约到这位企业家当面采访的机会很小),而广告经营方面正打算与一些企业家商谈广告合作的事宜(通过正常的途径,广告业务人员很难见到这些企业的负责人)。这条新闻线索能否跨越部门界限成为一次多部门的合作,完全取决于经济新闻部及其分管领导是否与其他部门共享信息。而此时的信息分享取决于人的主观因素,而不是制度的刚性约束。

科层制导致从业者安于现状的心态居上,创新精神不足,这与转型所需要的勇于尝试、敢于失败的精神相背离。"科层制要求成员严格按规则办事,以保证组织效率。但长期受规则的限制,人的主动性和革新精神逐渐泯灭,管理人员容易变得目光短浅、不近人情、打官腔、缺少生气。"[①]

报纸转型在世界范围内仍处在一个需要"摸着石头过河"的探索阶段,只有鼓励尝试,允许失败,才可能有所收获。科层制看似职能分工明确,实则限制了超越职能分工外的创新,更适应不求有功、但求无过的保守型员工。

第四节　媒介融合的冲动与冷静

现实中,很多传统媒体将媒介融合当作解决目前问题的灵丹妙药。传统媒体遭遇的问题,可以归结为用户与媒体黏性降低、用户忠诚度下降,本质上是关系不稳的问题。媒介融合能否解决传统媒体与用户的关系再造,目前仍是一个待解之谜。

媒介融合的实践在世界范围内仍处于探索阶段。每个国家的国情不同,每个媒体的实际状况也不同,希望通过媒介融合而一劳永逸地解决传统媒体存在的问题是不现实的。蔡雯在《媒体融合与融合新

---

① 郑杭生主编:《社会学概论新修》(精编版),中国人民大学出版社 2009 年版,第 190 页。

闻》一书中也谈到了这点担忧:"也许在我们目前看到的媒介融合试验中还难以找到最有说服力的例证来证实这一观点。""相反,资源整合并没有带来资源总量的增长,也无法产生新的资源或能量,相反,它使原有的资源优势有所丧失,产生了某些负面效应。"①转型是媒体与用户之间的关系再造,融合是技术驱动下的整合,二者不能画等号。

一、行政推动的隐忧

媒体融合目前已经上升到国家层面,并已被纳入行政推动的轨道。2014 年 8 月 18 日,习近平总书记在中央全面深化改革领导小组第四次会议上发表重要讲话,强调"推动传统媒体和新兴媒体融合发展,要遵循新闻传播规律和新兴媒体发展规律,强化互联网思维,坚持传统媒体和新兴媒体优势互补、一体发展,坚持先进技术为支撑、内容建设为根本,推动传统媒体和新兴媒体在内容、渠道、平台、经营、管理等方面的深度融合,着力打造一批形态多样、手段先进、具有竞争力的新型主流媒体,建成几家拥有强大实力和传播力、公信力、影响力的新型媒体集团,形成立体多样、融合发展的现代传播体系。要一手抓融合,一手抓管理,确保融合发展沿着正确方向推进。"②

中央将媒介融合上升到国家层面,主要是基于新媒体对传统舆论阵地的巨大冲击,造成了声音的嘈杂乃至舆论的混乱。中央期望通过媒介融合使传统的党的舆论阵地得到稳固与提升,消除两个舆论场的不一致乃至对立,更好地保证党和政府声音的传达贯彻,维护社会稳定。

而现实中令人担忧的是,媒介融合一旦处理不好,媒体所有权的

---

① 蔡雯:《媒体融合与融合新闻》,人民出版社 2012 年版,第 154 页。

② 习近平:《强化互联网思维 打造一批具有核心竞争力的新型主流媒体》,检索于 http://news. xinhuanet. com/zgjx/2014－08/19/c_133566806. htm。

集中将导致市场竞争的消失,原本多个媒体的不同声音将变成同一腔调。在利润压力下,媒体不断屈从于市场乃至迎合市场,将丧失独立性和客观性。"集团整合的后果就是每一家媒介公司都受制于唯一的标准:产生了多少利润。这种逐利的压力导致媒介公司开始混淆新闻信息生产(必须遵循客观真实的价值观)和市场定位(关注广告和市场占有份额)之间的差别。一则故事写出来得有市场吸引力(媒介的主要股东和广告客户不至于失望),这对新闻专业主义精神构成挑战。"①

"从本质上说,美国当下的传媒产业集中浪潮是政府放松规制,经市场竞争与淘汰自然形成的结果;中国当下的传媒集团化则是政府以一种新的形式治理舆论环境,加强控制的结果,而非产业逻辑自然发展的结果。"②

二、融合的"技术陷阱"

传统媒体对融合的热捧来源于对技术的迷恋。但不能忽视的是,互联网技术发展的根本推动力不是技术的先进而是技术充分满足了人类的需求,充分体现了技术为人服务的宗旨。技术进步的背后,是创新技术者对人的需求的洞察和满足,从根本上看是人对人的服务。

相信媒介融合能解决媒体发展的一切问题,是技术决定论的一种表现。当前互联网技术的发展的确消解了传统媒体间的边界,消解了传统媒体与新媒体之间的边界,使融合成为趋势之一。然而都市报价值的衰退并不能完全归因于互联网技术的发展。在互联网出现之前,都市报本身已经存在比较严重的问题,互联网技术的蓬勃兴起只是加速了都市报价值衰退的速度。

---

① 〔美〕劳伦斯·格罗斯伯格:《媒介建构:流行文化中的大众媒介》,祁林译,南京大学出版社 2014 年版,第 139 页。
② 王海:《博弈:反垄断与传媒集中》,暨南大学出版社 2009 年版,第 154 页。

以读者数据库为例,这是都市报至今没有很好解决的问题。一个媒体不知道自己面对的读者是什么样的? 原因不在于建立读者数据库的技术困难,而在于都市报在自己的发展过程中根本没有真正意识到读者是自己生存的根本。"读者至上"是很多都市报的口号,但在实际运营中读者被忽视的例子比比皆是。读者数据库建设就像城市的地下管网建设,花钱多见效慢,都市报存在惰性迟迟不愿意去做,直到互联网乃至大数据出现后,才意识到数据挖掘与数据分析的重要意义。

再如报纸内容同质化以及虚假新闻、格调不高等问题。互联网技术以及新媒体的出现只是压垮都市报的最后一根稻草。在这根稻草出现之前,都市报本身已经百病缠身,本来就不太稳定的都市报与读者之间的关系已经不堪一击,种种问题使得都市报价值呈现衰退的态势。

都市报遭遇的危机,是都市报与读者关系的危机。媒介融合更注重数字技术的应用,认为媒介融合可以解决都市报的问题,这其实是将都市报与读者的关系变成了一个简单的技术问题。"技术决定论认为信息引发了传播,认为宽带是传播的补充,因为宽带保证了更多的信息之传输。然而,讯息越是流通,传者和受者之间的社会、文化差异性所起的作用就越重要。""实际上,技术上越是便利,就越是需要对接受的状况给予专门的考量。"①

媒介融合的真正作用应该是让传统媒体见识技术的力量,但绝不是让其迷信技术的力量,进而陷入"技术陷阱"中而忽视传统媒体本身存在的短板问题。审视都市报自身,很多问题不是技术问题,而是人的问题,是理念的问题。是否真正把读者放到中心位置,站在读者的

---

① 〔法〕多米尼克·吴尔敦:《拯救传播》,盖莲香、刘昶译,中国传媒大学出版社 2012 年版,第74 页。

角度和立场去思考,在这些方面报纸仍有很多值得反思的地方。对于都市报而言,切切实实地解决一些实际问题,比迷信融合的效用更切合实际。

三、媒体分化将长期存在

一种新技术的出现并不意味着旧技术的立即灭亡。旧技术能否继续存在,受到政治、经济、观念意识等诸多要素的影响。媒体作为多层次的社会产物,汇集了技术、文化、制度等多种因素。未来,媒体与技术的关系会越来越紧密,双方的博弈也会长期存在。

媒体分化与媒体融合作为对立统一的整体将长期共存。传统媒体借鉴新媒体的技术,同时运用新技术以巩固扩大传统媒体的优势。传统媒体也只有在媒介融合中保持自己的特征,融合才有意义。随着媒介融合的发展,传统媒体的独特性会更显稀缺和珍贵,媒体分化将长期存在。

(一)终极发展或许是媒体消失

时间和空间是人类认识世界的基本概念,人类的时空观念随着技术的进步不断变化。人类传播的本质就是为了消除时间和空间的束缚,满足人们自由、平等交流的内在需求。每一次技术的进步,都是对之前人类沟通限制的突破和消除。按照时空的标准来划分,人类传播可以分为固定时空内的传播、跨越时空的传播和消除时空边界的传播。

史前人类时代,语言尚未产生,先祖们通过手势、语音进行沟通交流。语言产生后,人类通过语言传递信息。语言、语音比手势的传播距离远,但还属于近距离传播。人类后来使用火把、狼烟、鼓声等进一步延长了传播距离,把不同的空间地点联系起来。"人类在学会书写之前好几千年就已经画画了,古人在洞壁、工具和饰物上描绘图案和具象画。""这些画都可以被认为是最初的书面传播形式。"这些画跨越了时间的限制,给后人留下了丰富的信息。[①] 这些传播现象属于固定时空内的传播,它们或实现一定物理距离内的传播,或实现一定时间内的传播。

文字具备了空间传播远和时间流传久的双重特点,实现了跨越时空的传播。一开始,文字附着的载体有石头、骨头、竹片、帛等,这些物质载体的笨拙、复制性差等特点限制了文字跨越时空的能力。造纸术、印刷术的出现,报纸的诞生,使得信息传播进一步突破了时间和空间的限制。然而,在以文字为载体的时代,时间与空间的界限依然分明。广播电视技术出现后,空间的距离被消除,人类获得了前所未有的空间上的现场感和亲历感,时间的差异也逐渐变小。

互联网出现以后,新媒体技术进一步消除了时间和空间的距离,构建出虚拟的时空,二者统一到用户面前的电脑、手机等新媒体屏幕上。手机已经成为几乎人人随身必带的电子产品,从最初的打电话、发短信到现在的浏览网页、刷微信、视频语音聊天等,从传统的熟人沟通扩展到信息终端、社交、娱乐等多种用途。"这使时间(过去和现在)和空间(远处和近处)之间的区别变得多余。"[②]新媒体的"人性化"特征愈发明显,越来越有利于人、方便于人和尊重人。

从上述人类传播史可以看出,人类的需求引领着技术发展的方向。技术的创新又推动传播符号和符号载体的变化,朝着满足人类"随心所欲"的沟通交流需求的方向发展。美国学者保罗·莱文森在其 1979 年的博士论文《人类历程回顾:媒介进化理论》中首次提出了"人性化趋势"(authropotropic)理论,并提出了人类技术开发的历史

---

① 〔美〕威尔伯·施拉姆、威廉·波特:《传播学概论》,何道宽译,中国人民大学出版社 2010 年版,第 8—9 页。

② 〔英〕尼克·史蒂文森:《认识媒介文化:社会理论与大众传播》,王文斌译,商务印书馆 2013 年版,第 191 页。

证明,技术发展的趋势是越来越人性化,技术在模仿甚至复制人体的某些功能,在模仿或复制人的感知模式和认知模式。①

当下流行的多种媒体的融合并不是媒体的终极发展方向,技术朝着"人性化"方向发展的同时也在"去中介化",未来媒体可能会消失,真正实现所有人对所有人不借助媒体的信息传播。

人类首先借助第三方介质进行信息传播,后来第三方介质逐步演化成媒体,对人类的信息交流给予有限制的满足。随着技术的发展,人对人、面对面的信息传播重新回归,媒体逐渐失去存在的意义,退化为第三方介质。用户只需根据自我喜好设置若干选择条件,就能轻松实现订制信息的"推送"和"拉送"。订制信息的来源可能是一个人、一群人,甚至智能机器人。到那时,媒体的概念将彻底消失,人类随身携带的可能是一个智能终端或者植入体内的一个智能芯片,随时、随地、随心地实现信息的接收和传播。

(二)媒介融合是长期趋势,但媒体分化依然存在

媒介终极发展的结局也许是媒体的消失,但这一结果到来的时间仍不确定,它取决于技术的进步以及社会与技术的互动程度。"有人认为,远程、数据和大众传播的整合会激起单一媒介(比如宽带上网)中的数字媒体的完整融合以及单独的旧媒体的消失。我认为这两种想法都错了。他们错误地推断了技术集中会在社会实践和日常媒介使用过程中自动地导致传播集中,他们也忽视了媒介分化的趋势在当前社会中仍然呈现着。"②

---

① 〔美〕保罗·莱文森:《手机:挡不住的呼唤》,何道宽译,中国人民大学出版社 2004 年版,第7页。

② 〔荷〕简·梵·迪克:《网络社会——新媒体的社会层面》,蔡静译,清华大学出版社 2014年版,第 220 页。

1.用户信息需求背后的心理感受

多样化信息需求的背后是人类复杂的心理活动,以及由此决定的信息满足选择的多样化。尽管新媒体综合了文字、图像、声音、画面等多种介质,并能较好地互动,提供个性化服务,然而期待一种媒体能满足所有信息需求并不现实。互联网技术支撑的新媒体不是解决信息需求的万能钥匙,传统媒体仍有各自的优势和特点。用户在获取信息时,不仅仅关注信息本身,有时更注重获取信息过程中的心理愉悦感。把用户的信息需求简单地理解为信息本身,便是将用户视为信息接收的机器而非产生自我满足感的主人翁。

用户对媒介的使用与其所处的空间和时间密不可分。有些人喜欢晚饭后读报,有些人喜欢清晨听广播,也有人喜欢和家人围坐在电视机旁看电视。这些媒介使用者在乎的不仅仅是报纸、广播和电视传播的信息本身,更有借助报纸、广播和电视等渠道营造出的自我满足感和幸福感。

每种媒体的传播特点的背后都依附着用户特定的心理感受。比如,报纸通过文字传递阅读整体感,借助纸张传递主人翁感;广播通过声音满足听觉欲望;电视通过画面(电视在中国的家庭里一般摆放在客厅的醒目位置,便于一家人观看)吸引家庭成员共同观看,以凝聚家庭氛围。

新媒体的优势在于信息的海量、接收的便捷、传受的互动和个性化的推送等。这些优势集中体现在技术层面,而在连接人的心理感受方面并不具备独特优势。传统媒体在技术方面的劣势恰恰是黏连心理感受的优势。依存在不同媒体上的心理感受决定了人类信息需求选择的多样性。未来,新旧媒体将长期共存。

2.小众化的割裂与大众化的弥补

网络时代,多元化的信息需求得到了极大的满足:用户可以找到大量关于某个非常生僻知识点的解释资料,可以加入看似爱好非常小众其实群体数量并不少的交往圈。信息获取的低门槛和信息存储的海量化使用户群体变得越来越细分化和小众化。

互联网凭借技术的优势解放了人类获取信息的束缚,不同兴趣的用户按照各自的关注点聚集起来,但这种自由却是以割裂为代价的。互联网的碎片化特征使其无法承担起连接被割裂的社会的职责。正如杰克·富勒所说:"社会分化程度越高,越是迫切需要拥有一个讨论和行动所仰仗的共同信息基础。报纸就是少数几个这种强大的和能起联合作用的、有机会在这样的环境中繁荣兴旺的社会公共机构之一,其他的都已经衰退了。"①

在互联网技术发展处于领先地位的美国,对社会割裂的担忧正在成为现实。"从长远来看,电子技术瓜分信息给社会带来了很多危险。它制造了不同背景的人群相互误解的可能性。它使政治领袖更难建立起基础浓厚的联盟。它削弱了两百多年来把美国人结为一体的文化纽带。概言之,这种情况给共同体生活带来了大量严重问题。"②

传统媒体如报纸、广播、电视所具备的呈现社会总体镜像、凝聚社会最大共识的特征是新媒体所不具备的,报纸所持有的大众化立场和视角在分众化、碎片化的时代尤为可贵。因此,都市报应当尽其最大努力,为读者提供关于世界的完整信息,促进各个阶层的良性互动,以增强社会的向心力和凝聚力。

---

① 〔美〕杰克·富勒:《信息时代的新闻价值观》,展江译,新华出版社年版 1999 年版,第252 页。
② 〔美〕美达洛尔·M. 韦斯特:《美国传媒体制的兴衰》,董立译,北京大学出版社 2010 年版,第 134 页。

第四章　国外报纸转型的实践及启示

在互联网时代,报纸转型已经成为一个世界性问题。无论是在报纸历史悠久、报业发达的欧美国家,还是在报业市场化起步较晚的第三世界国家,报纸的生存和发展都遭遇到前所未有的挑战。纵观世界报业,不同国家和地区的报纸转型之路不尽相同,这和当地的政治、经济、文化和国民性有着千丝万缕的联系。报纸发展绝不能简单地以经济发展水平来衡量,而是其背后更多的综合因素作用的结果。

美国和欧洲是世界现代报业的发源地,至今仍然拥有全球最庞大的报业帝国,引领着世界传媒业技术变革的潮流。日本作为世界报纸发行量最高的国家,占据了全球报纸发行量十大报纸中的半壁江山。分析美国、欧洲、日本等国家地区的报纸转型将对中国报纸的发展有所启示。

第一节　美、欧、日报纸转型概览

本书将以美国、欧洲、日本的报纸转型和发展为例。美国的报纸转型走的是技术驱动下的内容转型之路,以《纽约时报》为代表;欧洲的报纸转型之路也集中在内容转型上;日本的报纸转型之路则更多地关注服务用户。美国 *US Today* 媒体编辑瑞姆·瑞得尔(Rem Rieder)看好报纸的未来:"与过去几年不同的是,许多报纸媒体开始对前景持乐观态度:视新技术为机遇,视移动媒体为未来,视受众为未来的出路。"①

一、灵活化编辑部:以用户需求为指针

报纸编辑部作为内容核心的"策源地",在数字化浪潮与互联网化传递的背景下,依旧是一家报社的"心脏"。编辑部组织结构的变化与运作方式的调整,反映的是植根于外部形式之下的观念变革。

在对美国《纽约时报》、英国《卫报》和日本《读卖新闻》进行考察的过程中,两类各具特色的编辑部跃然纸上:《纽约时报》和《卫报》奉行"数字优先"的原则,设置新职位、组建新团队、强化新合作,旨在适应不同终端使用者的内容需求与使用偏好;而拥有世界最大发行量的《读卖新闻》坚持"订户优先"的原则,在日本国内建立从总社到地方的垂直采编体系,每个地域的订户既可以看到国内外消息,又可以掌握本地信息。为了保证送报时效,《读卖新闻》根据订户住所与印刷厂之间的距离,采取"远距离早截稿"的灵活策略。两种编辑部虽然取向不同、设置各异,但却秉承了相同的用户观念,即以灵活化的编辑部适应不断变化的用户需求。

(一)欧美报纸编辑部的根本性改造

早在 2000 年,美国媒介综合集团(Media General)就在佛罗里达州坦帕市建立坦帕新闻中心(Tampa's News Center),进行编辑部组织架构的创新实验。从形式上看,《坦帕论坛报》、网站 Tampa Bay Online 与电视台 WFLA-TV 的工作人员打破了传统"各自为政"的办公区域,组建起类似"圆形"的开放空间,记者、编辑抬头可见电视屏

---

① 　虞国芳:《西方报业全媒体转型"关键词"》,《传媒》2014 年第 3 期,第 65—68 页。

幕,起身可找想要沟通的栏目负责人。

不管编辑部的布局是采取"靶心式"抑或其他更利于沟通的敞开式,报社的组织架构始终都围绕着一个目的:适应用户的变化需求,提供更高质量的新闻内容。正如《纽约时报》在其 2014 年创新报告中提出的:"不能简单地变成'网络第一'或'移动第一'的新闻编辑部,必须变成灵活的新闻编辑部,能够不断地调整,以适应受众习惯的变化。"[①]为此,《纽约时报》与《卫报》都尝试通过设立新职位、组建新团队、强化内部合作的方式来达到改造编辑部、生产高质量新闻产品的目标。

在《纽约时报》调整编辑部的举措中,数据分析团队和战略分析团队的建立显得尤为突出。数据分析团队设立的初衷是预测不断变化的受众需求,这种分析预判在过去通常由有经验的从业者通过主观推测和相对小规模的读者调查来实现。"网站主页内容应该多长时间更新一次?受众对我们的多媒体整合报道参与程度有多高?常规的特写和专栏有助于数字受众忠诚度的提高吗?"[②]通过测量文章的分享次数、受众的阅读时间、受众滚动浏览一篇文章的长度,以及受众每周阅读同一栏目的百分比,数据分析团队可以更加准确地回答上述提问。

与奋战在受众分析一线、服务于新闻生产的数据分析团队相比,战略分析团队的工作更为宏观,主要是为报社管理层建言献策。《纽约时报》试图将战略分析团队打造成各种新想法交流、碰撞、聚合成思路的平台:"如何使新闻更好地适用于移动设备?在受众拓展方面,哪些举措更为有效?别的媒体是如何利用电子邮件到达用户的?如何

---

① *The New York Times Innovation Report*,检索于 http://www.presscouncil.org.au/up-loads/52321/ufiles/ The_New_York_Times_Innovation_Report_—_March_2014.pdf.

② 新华社新闻研究所国际传播研究中心:《数字化背景下的报业转型——纽约时报创新报告》,《新闻与写作》第 6 期,第 26—31 页。

平衡编辑的新闻判断和我们的媒体个性?"①上述问题的内容随着媒体自身的发展和用户需求的变迁会不断更新,而战略分析团队却会成为一个常态化的存在。这一岗位的设立,充分体现出《纽约时报》的自省与自我鞭策。

《卫报》的新设岗位包括数据分析员(data researcher)、数字开发编辑(digital development editor)等,一批具有数字技术背景的从业者充实到记者、编辑的阵营中来。除了设立新职位和组建新团队,《纽约时报》同时还鼓励部门之间的合作。报纸的采前会吸纳网络新闻制作人员参加,其主要工作是为记者、编辑出点子,策划数字报道并制作多媒体。② 于是,《卫报》的记者、编辑更像是拥有多方纽带的"产品经理"(product manager):既是新闻产品的具体生产者,又与数据分析部门合作了解用户需求与竞争者概况,同时将报社的战略决策内化为日常工作。

(二)日本报纸编辑部的有限化改造

与欧美主流报纸紧紧追随技术潮流、大刀阔斧地进行转型不同,以《读卖新闻》为代表的日本报纸在数字化轻型道路上显得更为审慎,似乎在有意观察欧美报纸的"试错"。与美国报纸为成本考虑不断裁员导致记者流失的情况相反,日本报纸不断加强记者队伍的建设,以此来保证报纸的内容质量。日本的全国性大报一般有 2000 名左右记者,而美国的大报记者数量一般在几百人左右,即便如《纽约时报》这样的世界性大报,其记者数量也仅 1000 多人而已。近年来美国报纸记者数量更是有减无增。日本樱美林大学教授高井洁司曾比较日美

---

① *The New York Times Innovation Report*,检索于 http://www. presscouncil. org. au/up-loads/52321/ufiles/ The_New_York_Times_Innovation_Report_—_March_2014. pdf。

② 林照真:《聚合对传统报纸转型的冲击:〈纽约时报〉与〈卫报〉的比较研究》,《新闻学研究》(台北)2014 年第 120 期,第 1—45 页。

记者数量的变化,从 2000 年到 2012 年,日本记者的数量从 19434 人增加为 19666 人,而美国报纸编辑局的正式职员数量在这 10 年间却减少了 30%。"日本的报社为了寻求报纸生存,正在设法充分发挥采访优势。"①在《读卖新闻》东京本社所有部门中,采编人员所在的"编辑局"依旧是人数最多、地位最为重要的设置。除了东京、大阪、中部、西部四个总社之外,《读卖新闻》在县厅所在地和主要城市还设有总局、支局和通讯部,配备记者采写地方新闻,保证读者既能看到国际、国内新闻,又能了解本地区的动态。

当然,日本报纸在数字化转型道路上也进行了一些探索,不过步子较小而已。如《读卖新闻》在东京本社的组织架构中,为适应数字化潮流而设立了"媒介战略局",其职责是负责报社网站、卫星频道及数字频道的运营,向 CATV、FM 台、地方报纸提供新闻、过期新闻及图片资料的 CD-ROM 制作销售②。《读卖新闻》编辑部在空间布局上也采取了开放式的"大开间",政治、经济、社会、国际、文化各分部门的记者集中在一起工作,各部门的负责人每天在大开间的办公室内召开三次会议,与总编辑商讨新闻稿件的处理③。这种办公场所安排方式一方面有利于提高不同部门记者间的沟通效率,另一方面营造了繁忙又不失条理的敬业氛围。

《读卖新闻》的早报和晚报分别按照三个时间截稿和印刷:早报的截稿时间分别是 20:45、22:50 和 0:50;晚报的截稿时间是 10:30、11:25 和 12:30。与《纽约时报》《卫报》"数字第一"的原则不同,《读卖新闻》非常重视订户的需求,为了保证报纸准时到达订户手中,编辑部根据订户离印刷厂的远近决定印送顺序,远的先截稿并印送。同一份

---

① 新京报传媒研究院:《新京报传媒研究第三卷:纸媒转型》,南方日报出版社 2013 年版,第 48 页。
② 崔保国:《走进日本大报》,南方日报出版社 2007 年版,第 123 页。
③ 崔保国:《走进日本大报》,南方日报出版社 2007 年版,第 120 页。

早报或者晚报,虽然页数大体相当,但内容并不完全一样。[①]

二、开放化内容:构建与用户的新型关系

"当代新闻事业是一种实质地交错于信息网络中的事业,所有新闻事业的经营与运作,必须考虑到信息网络的搭建,信息的筛选、过滤与共构;与此同时,只有当新闻媒体成功地扮演起协助读者出版以及文本分享的角色之时,媒体方得以延续其对世界的影响。"[②]开放新闻作为传统媒体应对新媒体特别是"自媒体"挑战的举措,其核心是调动用户共同参与新闻生产及扩散的过程,其方法是通过开放 API(Application Programming Interface,应用程序编程接口)来实现报纸行业的内容开放源代码,其目的是将过去报纸与读者之间单一的传——受被动关系转变为组织者——参与者的主动关系,在用户的"深度卷入"中增强受众黏度、提升报道质量。目前,开放新闻的实践主要有两类:以《纽约时报》为代表的"版权开放"式,以《卫报》为代表的"新闻生产开放"式。前者授予用户复制、发布和修改作品的权利,通过二次销售(如广告)、衍生产品的开发来获得相关的版权收益;[③]后者将读者用户"个人化"的新闻纳入新闻生产的过程,聚沙成塔,整合出系统的报道。

(一)版权开放:创业组织者与创业者

版权开放(Copyleft)的中心思想,是赋予任何人运行、拷贝、修改以及发行改变后程序的许可。[④]开放 API 提供"标准化"数据接口,供包括读者在内的任何第三方调用。《纽约时报》允许第三方开发人员

① 崔保国:《走进日本大报》,南方日报出版社 2007 年版,第 121 页。
② Alan Rusbridger(2012),*Q&A With Alan Rusbridger*: *the Future of Open Journalism*,检索于 http://www. theguardian. com/commentisfree /2012 /mar /25 /alan － rusbridger－open－journalism。
③④ 徐剑、苏昱:《开放 API 开放内容——〈纽约时报〉〈卫报〉的网络战略转向新途径探析》,《新闻记者》2011 年第 4 期,第 70－73 页。

调用数据用于商业开发,第三方不需要庞大的硬件与技术投资就可以创业,成为内容提供商与平台提供商,《纽约时报》借此获得更多的流量分成与影响力扩展。借由开放 API 实现的版权开放,盘活了报纸多年积累的内容资源。或许是资深读者,或许是新晋用户,这些移动互联网时代的创业者,通过洞察用户的新生需求,创造性地实现了内容的 N 次开发。而《纽约时报》本身便是这场创业活动的组织者与平台提供者。

《纽约时报》以 Scene Near Me 为代表的手机客户端应用充分体现出这份百年老报对用户需求的深刻剖析和对报纸资源的纵深开发。该应用调动自 1924 年开始的 2.2 万多部电影的评论,集成谷歌地图 API 和《纽约时报》电影评论 API,用户能够根据地图找到身边影院的信息,查看相关影评。一旦用户决定观影,该应用即推荐相应的视频分享网站链接,报社通过与该视频网站分账获利。

除了提供历史数据,《纽约时报》还开发出 Times Newswire 和 Article Search 两款基于实时信息的 App。前者可以提供随时更新的《纽约时报》头条新闻,后者则可以检索从 1981 年至今的所有新闻。

上述三款 App 只是《纽约时报》版权开放思路下诞生的多种应用的缩影。目前,涉及政治、流行娱乐、地产、商品销售、信息检索等方面的 App 应用已近 20 个。《纽约时报》致力于原始高质量内容的打造与标准化,如何调用这些内容资源则交由思路开阔、想法发散的创业者去完成。报纸与用户之间以"创业"的形式紧密连接。

(二)新闻生产开放:内容组织者与参与者

新闻生产开放以 UGC(User Generated Content,用户生产内容)为基础,是记者、编辑主导下的有组织的 UGC。社交网站、视频分享网站、照片分享网站、微博等 UGC 形式对人类知识的积累和传播起到了巨大作用,但与此同时,缺少把关人与组织者的"个人化"内容存在碎片化、片面化的缺陷。《卫报》通过公开制作新闻的数据,组织用户进行开放式新闻生产,将过去作为信息接收终端的读者前移至新闻生产的前端,调动用户的智慧,将原本分散的 UGC 内容整合为系统性的新闻报道,使 UGC 实现了由量量变到质变的提升。这一新闻生产领域的"兼容"有着更为深刻的长远意义:《卫报》的记者、编辑由原本的作者转变为主题发布者、内容组织者和报道整合者,而《卫报》的读者则由被动的信息接收者转变为主动的内容创造者和报道参与者。基于新闻生产模式和兴趣共同体的连接赋予了了用户"主人翁"的角色认同感,强化了用户的"深度卷入感"与存在价值感,在构建报纸与用户长久稳定关系上作出了有益的尝试。

2009 年,英国爆出政客选举开支丑闻,《每日电讯报》领先于《卫报》进行了揭露性报道。为了回应民众对政府官员花费的质疑并践行信息公开的承诺,英国在线公布了 100 万份支出情况的扫描文件和收据。英国政府原本以为这一"透明"举措会使质疑之声终结,毕竟 100 万份材料的审核复查是需要耗费巨大人力和时间成本的,这对于任何一个个人或者组织都几乎是不可能完成的工作。《卫报》为此创建了一个开源网站,邀请读者一起调查英国议员的消费情况,共有 2 万多名读者参与了这次调查,17 万份纪录在 80 个小时内就被检查完毕。这既是一次成功的"众包新闻"(crowdsourcing news)实践,也是构建报纸—用户合作的一个典范。在 2011 年伦敦骚乱事件的调查中,《卫报》同样以众包的方式组织社区调查、跟踪社区民意,结果发现 Twitter 主要被用于应对骚乱事件,而非许多媒体报道的组织和协调骚乱活动。2013 年,《卫报》推出"人人都可以成为记者"(Guardian Witness)的 App,成为组织用户、调动参与的又一举措。

三、多样化渠道:拓展受众到达

2014 年 5 月,一份旨在调研《纽约时报》编辑部如何应对数字化转

型的内部报告被 BuzzFeed(美国新闻聚合网站)披露。在这份长达 96
页的《纽约时报 2014 创新报告》(*New York Times Innovation Re-
port*)中,"适应受众不断变化的需求"被多次提及,受众拓展战略被摆
在了突出位置。"正如所有的新闻主页一样,报纸网络首页的影响力
正在衰退。更多的读者期待在'脸谱'等社交网站上,或者通过电子邮
件和'提醒'找到他们,而不是读者去寻找我们。"[①]在拓展受众到达、增
强报纸"易得性"的实践中,《纽约时报》《卫报》与日本《读卖新闻》走出
了两条不同的路径:两张英美报纸秉承"数字优先"的宗旨,展开与社
交媒体的深度互动,渗透至用户生活的各个关系圈;《读卖新闻》则坚
持打造分送到户的发行体系,提高用户获取报纸的便利性,培养用户
的读报习惯。

(一)与社交媒体的深度互动

以微博、博客、播客、维基、社交网络和内容社区等为代表的社交
媒体(social media)以参与、对话和社区化的特性,深刻地改变了当下
受众特别是年轻受众的信息接收及交流方式。《华尔街日报》数字网
络总经理阿里莎·鲍文(Alisa Bowen)曾就年轻一代的媒体使用习惯
总结说:"年轻人不阅读报纸和看电视新闻,他们不再参与周边世界。
但是社交媒体的开发使得年轻人更乐意参与,只是显示方式有所不
同。"《纽约时报》和《卫报》试图借助社交媒体的影响力实现了自身新
闻的病毒式传播和影响力的几何式增长。

根据 Netprospex(一家潜在客户资源拓展公司)的统计数据,平均
每四秒钟就会有一条《纽约时报》的原创新闻在 Twitter 上出现。[②]

---

① *The New York Times Innovation Report*,检索于 http://www.presscouncil.org.au/up-
　　loads/52321/ufiles/ The_New_York_Times_Innovation_Report_—_March_2014.pdf。
② Bergman, C. (2011), *NYTimes, TV stations among 'most social' companies*,检索于
　　*http://lostremote.com/nytimes—tv—stations—among—most—social—companies_*
　　b20508。

《纽约时报》主观上不会、客观上也不能忽视这一拓展受众、提升影响力的渠道。为此，《纽约时报》集合 Times Article API、Twitter API 和 Google Map API 研发出名为"We read，We tweet"的新闻客户端，该款 App 将《纽约时报》在 Twitter 上点击率最高、用户回帖和引用次数最多的报道以图形形式展示在谷歌地图上，用户点击地图上的图形即可查看到相关报道和 Twitter 评论。①

《纽约时报》的受众渠道拓展目标是，"当受众一踏上罗马的土地，就为他发送有关的旅游新闻；或者根据食材成分来重新组织'食谱'栏目的内容。"②从这一目标可以看出《纽约时报》"找到"用户并"伴随"用户、成为用户生活一部分的决心。以 Twitter 为代表的社交媒体因其裂变式传播、几何式增速的特性而成为《纽约时报》到达用户"数字家门"的优先渠道。

《卫报》将对社交媒体的运用与对用户社区的打造结合起来，使社交媒体一方面成为新闻生产的资源，另一方面成为新闻传播的渠道。"《卫报》的社区计划已有相当时日，希望能打造与读者沟通的文化，即读者们多的是各行各业专家，可以帮助我们的报道更多元。因为有这种文化，记者就会用社群媒体和读者结合，常见读者提供某件事情的证据。我们也把新闻单公开，让读者知道写些什么，因为涉及独家，方法有点复杂；目的是找到对某事特别感兴趣的人，跟我们联系。"③《卫报》在其经典的《调查国会议员开支》报道、《伦敦骚乱中的谣言》报道以及 2012 年美国大选的报道中，都利用 Twitter 等社交媒体与用户展

---

① 刁毅刚：《〈纽约时报〉的内容数据开放和新闻客户端战略》，《中国记者》2012 年第 2 期，第 120—121 页。
② 新华社新闻研究所国际传播研究中心：《数字化背景下的报业转型——纽约时报创新报告》，《新闻与写作》2014 年第 6 期，第 26—31 页。
③ 林照真：《聚合对传统报纸转型的冲击：〈纽约时报〉与〈卫报〉的比较研究》，《新闻学研究》（台北）2014 年第 120 期，第 1—45 页。

开了深度互动。

在新闻扩散方面,《卫报》在网络终端的每一篇报道最后都设置了"一键分享"按钮,用户可以将浏览过的新闻分享至 Facebook、Twitter、Google＋、in share 等多个渠道,分享按钮的设立减少了《卫报》自营网站或新闻客户端所需的资源投资。通过借力业已成熟的社交媒体渠道,《卫报》走进了用户,特别是年轻用户的交际圈,其新闻扩散方式由直线式转为裂变式。

(二)分送到户的服务网

与《纽约时报》《卫报》奉行"数字优先"战略、拓展新闻到达用户"数字家门"的渠道不同,《读卖新闻》作为发行量过千万份的大型报纸,首先考虑的是如何保证订阅报纸的精准投递。在日本,以"专卖店"为依托的"宅配制"肩负起"找到"读者的职责。

《读卖新闻》在日本国内设置了约 8500 家专卖店,有约 10 万名送报员。每天凌晨 3:30 左右,由报社或专卖店租用的约 2450 辆卡车从全国 29 处印刷厂出发,把《读卖新闻》日刊运抵专卖店,再由 10 万送报大军于早上 7:00 前将报纸送抵读者家中。晚刊则在下午 2:30 左右开始运送,下午 6:00 前到达订户手中。[①]

为了提高专卖店送报服务的质量,保证送报员与用户之间的良好互动,《读卖新闻》设立的销售店全部独立经营、独立核算。专卖店主与送报员会想尽办法把报纸卖出去,在订阅报纸的旺季,推销人员更是会挨门逐户地动员读者进行订阅。[②] 由于《读卖新闻》的收入有一半来自订阅费用,对广告的依赖度较低,在新媒体"撬走"广告商的当下,报社受到的冲击相对较小。与我国国内都市报"报摊式"零售发行,以

---

① 崔保国:《走进日本大报》,南方日报出版社 2007 年版,第 132—133 页。
② 崔保国:《走进日本大报》,南方日报出版社 2007 年版,第 133 页。

及英美报纸逐渐"放弃纸端"、数字优先不同,《读卖新闻》的渠道更加下沉、直接和主动,报纸更加"易得"。只有这样,读报才可能成为人们的习惯。

四、分众化服务:经营用户社区

在一片唱衰报纸的声浪中,美国著名投资商沃伦·巴菲特(Warren E. Buffett)反其道而行之,收购了其家乡的 70 多份报纸。这些报纸包括日报和周刊,有一些共同特点:采编内容本地化,发行依靠社区,以分类广告为主要赢利点。精明的巴菲特看好这些小微报纸的前景:"我相信那些集中报道他们所在社区新闻的报纸将有一个很好的未来。没有人会在阅读一个有关他们自己或者他们的邻居的故事时中途停下来。"[①]同样将分众化、社区化看作未来报纸出路的还有日本媒体,"地方性报纸的强项在于其具有社会媒体功能,可以让读者在其出生时、上学时和去世时,一生中至少有三次登上版面的机会"[②]。分众化意味着对用户需求的深层剖析,对用户情感的高度尊重,以及对用户生活的细微渗入。

分众化不仅是报纸定位与广告投放的要求,也是报纸增强用户黏性的重要手段。在"如何成为用户生活必需品"的实践中,《纽约时报》以自信的内容,建立起付费墙,锁定忠诚用户;《卫报》则不遗余力地打造各种类型的虚拟社区,争取更大范围的用户。

(一)有所区分的付费墙

报纸通过"二次售卖"赚得广告费用的赢利模式,在网络媒体免费、海量信息的冲击下愈发显得力不从心。许多报纸开始向内容要价

---

① 晏秋秋:《美国传统媒体转型初探》,《新闻记者》2014 年第 3 期,第 90—92 页。
② 东洋经济 ONLINE,检索于 http://toyokeizai.net/articles/-/24671?page=4。

值,以新闻的"首次售卖"作为收入的新增长点,"付费墙"的收费模式
应运而生。简言之,付费墙(Pay Walls)为报纸的线上内容设立收费
门槛,将不订阅报纸或者不付费阅读线上内容的用户挡在墙外。据
2014 年 3 月 26 日美国皮尤研究中心(Pew Research Center)发布的
《新闻媒体报告》(*State of the News Media*)称,包括数字订阅在内的
用户订阅营收占到报纸全年营收的 24%。[①]

目前全球报业采用的付费墙模式主要有四种:内容收费模式(核
心内容收费,部分内容免费,报纸订户赠阅,网络订阅)、计量收费模式
(所有内容均收费,但赠送一定数量的免费内容)、微支付模式(按内容
计算费用,小额支付)以及客户端收费模式(移动手机用户付费下载阅
读软件,之后免费享用全部内容)。[②]

四种付费墙模式各有千秋,其中《纽约时报》采用计量收费的模
式:允许报纸订户免费阅读所有网络内容;非报纸订户每月可以免费
阅读 10 篇网络内容,超出部分收费;使用移动客户端(iPhone,iPad)的
用户包月阅读,费用从 15 美元到 35 美元不等。

《纽约时报》的收费策略源于对忠诚用户与一般用户的区分。正如
其董事局主席兼首席执行官阿瑟・舒尔兹伯格(Arthur Sulzberger)
所言:"从那些偶尔来访的读者受众赚得点击流量费和广告费,从相对
忠实的读者身上获得订阅费作为财政收入。我们相信,会有很多人进
行付费,但我们不会将其他人拒之门外。"[③]有所区分的收费,最大限度
地保证了报纸用户的利益,稳定了忠诚用户的阅读习惯,同时也使随

---

① Pew Research Center (2013),*The State of the News Media* 2013: *An Annual Report on American Journalism*.
② 郜书楷:《付费发行:数字化报业发展之困境与出路——以美国〈纽约时报〉为例的深度分析》,《浙江传媒学院学报》2014 年第 21 卷第 1 期,第 17—21 页。
③ 刘琴:《美国报纸新闻 App 现状与纽约时报经验借鉴》,《中国报业》2014 年第 3 期,第 12—16 页。

机访问的潜在用户获得了接触内容的机会，避免了全部收费带来的硬性回绝。

（二）虚拟社区

"社区"的含义在互联网时代有了更宽泛的界定，它既可以是基于地理位置的实体社区，也可以是基于兴趣、职业乃至某次媒体实践的虚拟社区。《卫报》对虚拟社区的构建与利用走在了众多报纸的前端。

媒体教育研究者认为，记者、编辑应扮演媒体组织、本土受众族群与网络社群三者间的"专业社群经营者"，"在所处的地理社群、职业社群或兴趣社群中，扮演起记录、编辑与沟通角色。"[1]

《卫报》的社区计划由来已久，其目的在于打造与读者沟通的文化，借助读者中各行各业的专家，使报道更多元：有时会由读者提供某事件的证据；公开即将采写的新闻清单，寻找感兴趣的读者[2]。2009年，《卫报》创建了一个网站，邀请读者一起调查英国议员的消费情况，共有2万多名读者参与了这次调查，这既是一次成功的"众包新闻"实践，也是构建用户社区的一个典范。除了众包新闻的新闻生产实践，《卫报》还在其网站建立"卫报书店"（Guardian Bookshop）、"卫报招聘"（Guardian Jobs）、"卫报知音"（Soulmates）等版块，凝聚不同兴趣点的用户集群，为其提供分众化的服务与表达平台。

第二节　转型之路背后的影响因素

一个国家或地区的报纸转型之路能否成功，关键是看其是否适合

---

[1] Donica Mensing (2010)，"Rethinking (again) the future of journalism education"，*Journalism Studies*，11(4)，p. 512.

[2] 林照真：《聚合对传统报纸转型的冲击：〈纽约时报〉与〈卫报〉的比较研究》，《新闻学研究》（台北）2014年第120期，第1—45页。

国情、区情,盲目地照搬他国经验和固执地排外都是不可取的。报纸作为一种文化产品,它的生产和工业产品还有很大的不同。决定工业产品能否取得市场成功的主要因素是技术和生产成本,而文化产品则更多地受政治、经济、文化传统、民族心理等因素的影响,技术在文化产品价值的构成中往往起不到决定性作用。

以美国、英国、日本为例,研究这三个国家报纸转型特征背后的影响因素能更好地理解到底何种因素决定了它们的转型方向和路径选择。

一、美国报纸转型采取的"数字优先"战略

美国是一个地理空间大、人口众多的国家,思想多元化,市场经济高度发展,传媒竞争异常激烈。美国报纸转型仍是集中在报纸的传统优势内容上,采取的具体战略是技术驱动下的"数字优先战略",代表报纸是《纽约时报》。这种战略的选择与美国国情是密不可分的。

(一)地理空间与分散居住

在美国,全国性报纸比较少,所谓的大报多是区域性报纸,面向小城镇的社区报比较繁荣。作为世界国土面积第四、人口第三的大国,美国的人口分布高度城镇化,许多广袤的土地无人居住,形成了幅员辽阔、人口分布相对分散的特性。美国人口居住的分散化一方面导致了美国社区文化的兴盛,这对社区报的发展是一个福音,但对不断谋求扩张的区域性大报而言,缺少贴近本地新闻的问题又变成了扩张的障碍;另一方面,人口居住分散化使得全国性报纸的发行成本变得很高,这与日本形成了鲜明的对比。

全美 50 个州和华盛顿哥伦比亚特区的行政区划,使得美国的任何一张全国性报纸都必须花费大量的人力、财力进行纸质投递。在反映美国民众生活的影视剧中,经常可以看到这样的镜头:清晨,在美国

中产阶级居住的社区,骑着自行车的送报人员在不刹车的情况下将报纸扔向订户的走廊或台阶。过不了多久,就会有订户出来捡拾报纸,同时抱怨每次扔投的地方都不一致。据统计,美国送报到户的比例仅为 70%,而这一比例在日本能达到 95%。[1]

美国报业之所以选择"数字优先战略",一方面是为了应对网络对传统报业的冲击,另一方面也恰好可以借此缓解报纸投递方面的压力和疲沓状态。曾任《纽约时报》执行主编的比尔·凯勒(Bill Keller)在一封写给编辑部同事的信中提到:"我们这个行业长期面临的巨大的挑战之一就是创造一种数字报业和为读者提供新的服务,这种服务一方面符合我们高度的专业标准,另一方面可以补偿宏大的新闻采编机构的费用。"[2]美国报业的掌门人在报纸转型的困难时期经常以裁员的方式开源节流。可以想象,报纸订数的增长也预示着发行成本的升高。《纽约时报》并不把增收的希望完全寄托于纸质发行量的增长上,作为一份全国性报纸,投递发行的费用与收益相比并不十分划算,而借由数字化战略则可能在实现用户几何式增加的同时,相对减少投递的费用。

(二)领先的技术研发

与日本报业对待数字化转型的审慎态度不同,美国报业对于先进技术的应用,体现出美国式的创新开拓精神。"用户体验"——这一当下互联网领域讨论的热点词汇,早在 20 世纪 50 年代便成为麻省理工学院林肯实验室的项目研究课题。该项目聘请了同等数量的心理学家和工程师,共同致力于寻找让"人类与计算机互动更加直观,呈现信息界面更加友好"的方式。这一理念不仅推动了用户友好型电脑屏幕

---

① 范东升:《拯救报纸》,南方日报出版社 2011 年版,第 47 页。

② Bill Keller, *A Message from Bill Keller and Martin Nisenholtz*, 检索于 http://www. poynter. org/forum/view_post. asp? id=10027。

的诞生,也成为当今媒体转型的重要风向标。

当下,美国仍是全球技术创新的中心,其报业也得益于创新开拓的民族精神,有着迎接变革、引领潮流的内生动力。对于新技术,美国报业更多地采取开放的心态和拥抱的态度。《华盛顿邮报》互动新闻周刊产品开发部部总裁罗伯·克利(Rob Curley)在接受意大利记者采访时曾说:"在美国,有两类报纸出版人:一类人认为报纸(newspaper)这个词最重要的部分是'新闻'(news),另一类人认为最重要的是'纸'(paper)。如果你是在认为'纸'最重要的出版社或公司工作,我的建议是你要准备离开它们。我们不要害怕以新的方式联系我们的受众,这将是我们的产业走向成功的未来的关键之一。"①

2005 年,一项由美国新闻研究所(American Press Institute)和创新观点(Innosight)咨询公司进行的研究项目——"下一代报业:转型的蓝图"(Newspaper Next:Blueprint for Transformation)指出,目前世界上出现的传播技术革命,其重大意义等同于印刷术的发明和大众文化的普及。看新闻只是人们每天的需求之一,其他大量需要满足的新需求不断涌现。下一代报纸必须提供"超越新闻"的内容,提升互动功能、搜索功能和定制功能,并构建数据库和网上社区。② 2008 年 2 月,美国新闻研究所再次发布研究报告《超越报业》(*Making the Leap Beyond Newspaper Companies*),提出报纸应当成为社区内信息的提供者和连接的纽带。这些前瞻化的构想与建议,在随后的转型实践中得以实现。

---

① Rob Curley(2007),*Interview with Italian newspaper*,检索于 http://robcurley. com/2007/01/18/ interview—with—italian—newspaper/。

② *Newspaper Next:Blueprint for Transformation*(2006),检索于 http://www. americanpressinstitute. org/wp—content/uploads/2013/09/N2_Blueprint—for—Transformation. pdf。

(三)良好的版权开放与维护环境

在美国,如果想要观看电影,通常有三个途径:去电影院,购买正版碟片,抑或在客户端付费购买观看。三种途径的共同之处都是需要为版权付费。这也许是美国知识产权保护的一个缩影。美国早在1790年就通过了《联邦版权法》,1995年又颁布了旨在适应数字时代需要的、关于知识产权和国家信息基础设施的白皮书。版权在法律、价格、市场等多个层面获得了尊重和保护。在全球新闻内容免费化的潮流之下,《纽约时报》等美国报纸付费墙的设立,正是基于美国民众长久以来建立起的版权意识,即为有价值的内容付费是理所应当且符合法律的行为。

然而,版权并没有成为美国报纸故步自封的枷锁,版权开放(copyleft)的理念将对版权的使用提升到了互联网层面。版权开放将原版权放到公共领域中,使程序或作品成为自由软件,任何人在需要的时候都可以共享这个软件并对它作出改进。"一个程序遵循版权开放,首先是具有版权;然后该程序在发布时作出法律声明,即它赋予所有人使用、修改和重新发布程序代码及其衍生作品的权利,并在整个过程中保持发布规则不变。"[①]《纽约时报》通过开放 API,将原创内容编码成开放程序供第三方调用,使得用户的身份由读者转变为互联网创业者,而《纽约时报》则成为创业的组织者和平台提供者。以版权维护为基础的付费墙实现了新闻内容的首次售卖;而以版权开放为前提的开放 API 则带来了内容的创新化样态、病毒式传播和裂变式收益。

美国深入人心的版权意识使得美国报业采取"数字优先战略"有了基本的保障。美国不少报纸都推出了付费订阅数字报纸的渠道,但这种方式却不一定适合中国。因为中国用户的版权意识比较淡薄,在

---

① GNU Operating,*What is Copyleft?*,检索于 http://www.gnu.org/copyleft。

互联网上的内容都是免费获取的大环境下，人们还没有形成为互联网上的内容付费阅读的习惯，起码在短时间内很难形成这种习惯。但对美国人而言，付费阅读是生活的一部分，所以美国报业采取"数字优先战略"有着良好的版权保护和使用的大环境。

二、英国报纸转型的采取"数字第一"战略

英国和美国同为报业市场经济最发达的国家，在报纸转型上有很多相似之处，都认为报纸数字化是转型目标，但具体实践路径上却并不完全相同。美国的"数字优先战略"更多的是在技术驱动下推进的，而英国的"数字第一战略"则植根于英国悠久的新闻自由传统基础上，前者受技术影响较多，后者受传统文化影响较多。

（一）传统报业强国

作为世界上最早的资本主义国家之一，英国是传统意义上的报业强国。2006 年之前，在伦敦城西的"舰队街"（Fleet Street）两旁，林立着英国 20 多家报社、杂志社、通讯社，大约有 100 多家全国和地区性报纸在此设立报馆。不论是《泰晤士报》《卫报》《金融时报》《每日电讯报》这样的严肃报纸，还是《太阳报》《每日邮报》《每日镜报》《每日快报》这样的通俗报纸，都把总部设在了舰队街。曾经被称为"地球脉搏的示波器"的舰队街从一个侧面折射出英国这一报业强国的繁荣。虽然受新兴媒体冲击和读者信息、娱乐消费方式变化等因素的影响，近些年英国报纸发行量下降、读者流失、广告收入减少，大多数报纸也已搬离舰队街另觅新址，但《卫报》《金融时报》《泰晤士报》等依旧保持着较高的知名度和专业度，其转型改革的实践仍然为其他国家报纸所效仿。

几百年积累下来的报业优势并没有成为英国报纸转型的枷锁，反而成了其保持先进、追求更好的内在动力。《卫报》在 2006 年即提出

"数字第一"的理念,并将其切实付诸实践。登录《卫报》网站,我们可以发现其设计者正试图摆脱印刷思维对设计的影响,而真正使用电子思维将页面设计成适合网页阅读的多导航、大字号模式。随后,《卫报》在国会议员花销调查、英国骚乱调查以及美国大选的报道中均熟练地运用开放新闻,并走上了数据新闻的新路。"前卫"的《卫报》通过稳健的改良走向数字化世界的实践,是英国报纸转型的一个缩影。人们欣喜地发现,强大的传统没有让英国报纸故步自封,重塑辉煌正成为其转型的目标。

(二)英国民众的读报传统

英国是世界上最早的工业国家,也是城市化开始最早、程度较高的国家。在现有的约 6300 多万人口中,90％的人居住在伦敦、伯明翰、曼彻斯特、利物浦、爱丁堡和格拉斯哥等城市。高度城市化的市民化社会为报纸提供了广泛的阅读人群。

读报,是英国人的传统之一。人们从早上醒来到门外取报纸,接着在吃早餐时读报,或者在乘坐公共交通工具时读报,直至下班回家途中也会集中看报。根据英国报纸协会的调查,84％的英国成年人每天会阅读地区性或地方性报纸,三分之二的人阅读一份全国性报纸。每周在英国销售或者免费赠阅的报纸有 1.6 亿份,其中 58％是全国性报纸。全国性报纸平日的总销售量是 1240 万份、星期天的销售量是 1320 万份。[①]

虽然英国民众长久以来将报纸视为获取信息的重要来源,但越来越多的年轻读者开始转向其他终端,英国报纸读者呈现老龄化趋势。1970 年,在 18－34 岁的年轻人中,有 70％的人经常阅读报纸,而目前这一数字下降到了 35％。争取年轻读者已成为报纸数字化转型的目

---

① 唐亚明、王凌洁:《英国传媒体制》,南方日报出版社 2007 年版,第 5 页。

标之一。重组编辑部、构建用户虚拟社区、通过众包新闻实践增强用户黏性,以及开发适应多种终端的新闻客户端,都是《卫报》为适应年轻读者需求与习惯而作出的改变。

更为重要的是,英国报纸并没有以废弃传统的方式进行革命式的推翻,避免了在赢得年轻读者的同时失去原有的中年甚至老年读者。在数字化转型期,报纸的印刷版与网络版、手机版、平板电脑版之间的平衡发展尤为重要。数字版的优势是速度,印刷版的优势在于习惯。为此,《卫报》的纸质报与网站之间有比较明确的分工,记者、编辑之间也通过合作建立了起跨纸媒、网媒的编辑平台。

(三)新闻自由的积淀

1644 年,弥尔顿在回应英国国会质询时发表了著名的演说辞《论出版自由》,第一次提出言论出版自由是一切自由中最重要的权利。弥尔顿认为出版自由的实质性目的有两个:一是开明地听取人民的表达,二是容忍不同意见的争论。随后,英国经历了废除知识税、废除报道和评论政治新闻禁区,以及削弱用煽动诽谤罪压制媒介的传统的过程,新闻自由的传统在温和的改良中得以传承。

言论出版自由的传统以及由此引申出的"观点的自由市场""意见的自我修正过程"概念,也许能够解释英国报纸读者对政治的关心与参与。2009 年,由《卫报》发起 2 万多名《卫报》用户参与的网上调查,揭开了英国议会史上最大的一件丑闻,导致 28 名国会议员辞职,并最终激发了彻底的政治改革。当时《卫报》掌握着 100 多万份未经分类的议员开支文件,但分析这些文件对于《卫报》的记者、编辑来说几乎是不可能完成的任务。《卫报》借助软件开发人员的帮助,将所有文件转化为 458322 份在线文档,使任何人都有权查阅这些公共纪录并调查违法细节。结果该项目上线仅 3 天,就有 2 万名用户分析出 17 万多份电子文档。

此次众包新闻实践的成功,除了要归因于网络调查界面设置友好外,更为重要的是深植于英国民众心底的新闻自由思想。按照自由主义的理论,报业有四项重要功能:告知民众、监督政府、组织公共辩论和表达民意。在媒介研究者纷纷感慨年轻人不再关心政治,只对身边"朋友圈"感兴趣的当下,英国读者的参与热情显得尤为突出。民众依然需要报纸提供基本信息来了解政府和公务人员的表现,不论这些数据呈现在何种终端,知情、监督、表达和评论的权利始终没变。

三、日本报纸转型的"服务用户"战略

近十年来,在世界报业协会公布的全球报纸发行量排名中,日本报纸(《读卖新闻》《朝日新闻》与《日本每日新闻》)多次占据了前三名的位置。《读卖新闻》更是以 1400 万的日发行量拔得头筹。虽然在 2014 年公布的发行量排名中,《日本每日新闻》低于《印度时报》而退出了前三甲的位置,日本在总体上仍然是报纸发行量最高的国家,每千人拥有报纸量 644 份。与不断开拓创新的美国、保持传统强势的英国相比,日本报业在转型过程中稳扎稳打,相对保守又十分稳健,其根本就在于日本报纸抓住了转型的核心就是通过贴近化的服务直接抓住用户。

(一)数量多、密度高的人口分布

在日本 37 万平方公里的国土上居住着约 1.2 亿人口,同时,日本又是高度城市化的国家,目前只有 5% 的农业人口。大约 8000 万人居住在本州岛太平洋一侧和九州岛北部地区的东京、横滨、大阪、名古屋等大城市。相对狭小的国土面积和相对集中的居住地导致了日本人口密度相对较高。虽然这些人口密集的大城市存在着交通拥挤、环境污染、犯罪率高等问题,却在一定程度上为日本送报到户的发行体系提供了基础。

送报到户在日语中称作"宅配制"，能够做到一家一配送，取决于日本报纸星罗棋布的专卖店设立。这类专卖店与报社签订专营合同，负责所在地区的报纸投递工作。以《读卖新闻》为例，它在全国设立的发行站有近 8000 个，其中专卖店有近 6000 个。专卖店的设立要根据社区的特点、住户及公司数量、人口密度、街道分布等因素，其店头布置、交通工具配备、服装、雨具等都有对应报社的统一指导，此外，报社还有成套的制度对专卖店负责人、投递人员、征订人员进行规范和监督。[①]

人口众多与人口相对密集为送报到户提供了两方面的条件：第一，人力资本相对低廉。在美英国家纷纷裁员以降低经营成本之时，日本除了一线采编人员，尚能雇佣专职印刷、送报司机等人员维持运转，并有一支庞大的自负盈亏的专卖店队伍。第二，订户居住相对集中。较高的人口密度，提高了送报上门的工作效率和妥投比例。只有投递成本小于订阅费用时，印刷版报纸才可能进入良性循环的状态。

(二)内容之外的服务战略

日本作为亚洲国家，深受东方文化的影响，比较注重人情关系。这种对人情关系的重视也深深影响了日本报业的发展。日本报纸对服务的重视恰恰是应对互联网冲击的主要"法宝"。日本报纸的"服务用户"战略不仅体现在日本的户别配送发行体制上，还体现在日本报纸努力构建报纸服务用户关系、培育深化用户读报习惯的活动上。

日本报纸提供的服务涉及图书出版、文体赛事、公益讲座、网络电商、旅行社等多个行业。如《读卖新闻》旗下拥有巨人棒球队，运营读卖日本交响乐团，一年能举办 500 多场活动，几乎覆盖了日本人生活的方方面面。日本广岛县报纸《中国新闻》常设的讲座涉及文艺、教

---

① 刘洪恩：《日本报纸发行的特点》，《中国记者》2001 年第 12 期，第 64 期。

育、礼仪、外语、工艺、美术、青少年教育、大学讲座、电脑、书信写作等，项目多达 1700 多个，每年听讲者逾 15 万人次，成为日本西部地区规模最大的讲座服务机构。

日本报纸专注于服务用户，使报纸成为用户生活的一部分，不再是简单的卖报和读报的关系，而是报纸在用户生活的方方面面构筑了非常密切的关系网络。这种关系网络保证了用户对报纸的依赖性和忠诚度，即便是在互联网等新媒体的冲击下，日本报业受到的冲击相比美国、欧洲仍然是比较小的。

(三)老龄化社会的读报惯性

按照联合国的传统标准，一个地区 60 岁以上老人达到总人口的 10％，65 岁以上老人占总人口的 7％，该地区即可被视为进入老龄化社会。日本既是世界第一长寿大国，同时也是老龄化程度最高的国家，65 岁以上的老龄人口占到了日本总人口的四分之一。日本政府预测，到 2040 年，这部分老龄人口与 14 岁以下年轻人的比例将达到 4:1。日本的老龄读者群与印刷版报纸相伴多年，已经养成了较强的读报惯性。一项基于日本人读报习惯与日本报业趋势研究的调查发现，有高达 69.5％的人读报经历超过 10 年，7.1％的人在 5—10 年之间，只有 17.5％的人读报经验在 3 年以下。另外，在"平均多久更换一次阅读的报纸"问题上，63.6％的人表示从未改变过阅读习惯。①

除了时间积淀起的"老龄化"用户，读报惯性中还有一个不容忽视的因素，那便是日本的民族特性。荷兰文化学者吉尔特·霍夫斯塔德 (Geert Hofstede)曾经运用文化差异的 6 个维度对世界 50 多个国家的文化进行调查、分析和比较。他发现，在文化差异的权力距离(pow-

---

① 陈致中、韩季芝:《日本人的读报习惯与日本报业趋势研究——基于东京的实证调查》，《国际新闻界》2012 年第 4 期，第 84—89 页。

er distance)、个人主义(individualism)和集体主义(collectivism)、男性主义(masculinity)和女性主义(feminity)、不确定性规避(uncertainty avoidance)、长期取向(long-term orientation)和短期取向(short-term orientation)、放纵(indulgence)和克制(restraint)这 6 个维度,日本人在不确定性规避和长期取向上得分最高。[①] 这一民族特性或许可以解释日本报业在转型过程中的相对保守和审慎:保持印刷版与电子版的平衡,在维持原有老读者的前提下争取年轻读者。

此外,以"人情往来"为特征的读者——投递员关系,也是日本报纸保持较高发行量的因素之一。时效性是新闻的生命,而准时投递、正确投递则是保证报纸时效的基础。无论刮风下雨、酷暑寒冬,送报员每天清晨 6:00 点之前都会将报纸投入用户信箱[②]。到了订阅旺季,每一位订户都是投递员逐门逐户争取来的。长期的合作关系以及报纸本身恒定的内容质量,使得订户很自然地延续订阅。

第三节　中国都市报转型的实践与反思

中国的都市报转型必须结合本国国情,借鉴国外经验的精髓,走出适合自身发展的转型之路。盲目照搬或排斥国外经验,都容易丧失自我特色和发展机遇。

一、中国国情下的报纸转型

中国是中国共产党领导下的社会主义国家,都市报作为一种舆论工具,由国家掌控,这不同于西方资本主义市场经济条件下,报纸作为

---

① 陈致中、韩季芝:《日本人的读报习惯与日本报业趋势研究——基于东京的实证调查》,《国际新闻界》2012 年第 4 期,第 84-89 页。

② 尹良福:《近十年来日本报业经营状况及其转型分析》,《新闻记者》,2012 年第 10 期,第 11-16 页。

一种市场资源，完全由市场竞争进行配置。在"党管舆论"的宏观格局下，都市报既具有鲜明的党性，也具有通常的社会属性和市场属性。都市报自身的多重属性和中国社会经济发展的特征决定其转型的特殊性和阶段性。

(一)经济发展的不平衡性

中国经济的发展水平和美、英、日等西方国家不同。这些国家已然经过了充分的市场经济发展，进入到发达国家序列。改革开放30多年来，中国经济在快速发展的同时呈现出地区发展的不平衡性：不同地区之间的经济发展不平衡，东部地区经济比较发达，西部地区经济发展相对落后；同一地区城镇经济发达，乡村经济落后，城乡差距较大。

经济发展的不平衡性决定了都市报的发展空间仍有相当大的存量可以利用，而这种存量空间是西方国家并不具备的。近年来，都市报通过行业版、地区版等多种形式向下渗透，充分挖掘利用尚待开发的存量空间。特别是随着城镇化进程的加快，新的存量空间出现，为都市报转型提供了腾挪转换的战略空间。

(二)报业市场的行政化分割

中国报业市场的行政准入制，即通过对刊号资源的控制和报纸的属地化管理来调节市场容量。除了中央级报纸外，中国并不存在统一的报纸市场。报纸市场区域的划分主要以行政区域划分为标准，每个省市都有一个主要的报纸集团存在，隶属于当地省委或市委宣传部，各个区域报业市场之间基本不存在横向的竞争关系，这就使得中国报业市场具备垄断性特征。

市场的区域化特征使得当地占有相对优势的报业集团可以通过多种途径形成垄断优势，从而实现发展。例如，山东大众报业集团利用省级党报集团的地位，参与山东省各地市报业市场的竞争中，并通过兼并联合实现对各地报业市场的控制,获取垄断利润。目前,大众报业集团与潍坊、临沂、菏泽、青岛等地市的《潍坊晚报》《沂蒙晚报》《鲁南商报》《牡丹晚报》《青岛早报》《青岛晚报》通过股权连接实现联合,取得了明显的效果,部分报纸利润达到整合前的 4.8 倍。区域化的报业市场一方面限制了区域之间的报纸竞争,另一方面也对区域内的都市报发展起到了一定的保护作用。

(三)社会阶层的变动性

欧美国家的社会阶层分化早已完成,社会阶层构成呈现"两头小、中间大"的橄榄形结构,存在一个稳定庞大的社会中间阶层(也称中产阶级)。报纸读者群体已趋于饱和,读者数量呈现逐年下降的趋势。在中国,都市报读者一方面受到互联网的冲击开始流失,另一方面受益于社会阶层的变动,在数量上会有所增加。读者群体有降有升的双重性是都市报转型需要考虑的重要因素之一。

二、国外报纸转型经验的反思

目前,都市报转型主要是向美、英等国学习,如"数字化转型""全媒体转型""媒介融合"等,其本质是技术驱动下的内容转型。在实践中需要向日本报纸学习的地方还比较少,在此着重讲讲日本报纸的做法。

日本报纸之所以发行量巨大,日本民众读报的忠诚度较高,这在很大程度上得益于日本报纸将读者服务做到了极致。在日本,报纸服务读者的范围非常广泛,形成了一个环绕读者生活的系统性服务圈。这一服务圈非常重视基础性工作,一些措施具有长远性考虑,比如培育学生读报群体,启动 NIE 工程,即报纸参与教育工程(Newspaper in Education),组织记者到学校讲课,创办报纸的小学生版,进行社区讲座,指导学生办报等。日本报纸在读者服务方面可谓不遗余力,不拘泥于短期利益。《读卖新闻》当年投资组建职业棒球队巨人俱乐部的直接受益非常少，甚至要赔钱。但经过多年培育，巨人棒球队已经成为《读卖新闻》发行的秘密武器。巨人棒球队的比赛办到哪里，《读卖新闻》报纸的发行促销活动就搞到哪里，票源紧张的比赛门票常常成为发展新读者的礼品。

日本报纸的读者服务圈尤其重视渠道和终端建设，这与中国都市报发行的相对弱势形成了鲜明对比。采取自办发行和邮局统发相结合的我国都市报发行效率比较低下，无法按时投递成为常态，读者投诉经常得不到及时回馈。反观日本报纸，它们非常重视报纸发行，建立起分工明确、运转高效的销售局专门负责报纸的发行销售，每年都在发行上投入大量资金，牢牢掌控了发行渠道和终端。日本报纸还利用发行渠道和终端定期征询读者意见，提供社区服务，加强与读者的互动和情感培育，这在一定程度上提升了读者的忠诚度。

读卖集团在日本全境约有 8500 家专卖店，报纸由约 10 万名送报员负责送到读者手中。销售局的工作就是对专卖店的业务进行管理、指导并提供人力支援。销售局大致可以分为外勤和内勤两个部门，属于"外勤部门"的"管片巡视员"定期走访自己辖区内的专卖店，进行经营指导和强化销售网络以及订报费收款业务，有时也负责与年轻送报员进行沟通，加强专卖店经营者与送报员间的信赖关系。"内勤部门"以东京本社为例，有销售监察部、开发部、劳资部、销售策划调查部、推销指导部、营业强化部、读者咨询室、经营指导室等，进行销售费的确认、优秀专卖店店员的培育指导以及推销技术的现代化，同时也负责制定中长期的销售战略以及对应投诉等工作。

与内容相比，服务和发行是报纸的短板，也是报纸价值最薄弱的环节。而日本报纸将短板做成了优势，这也是其能有力抗击数字化冲击的根本原因。

三、我国报纸的转型策略

从都市报转型的实践来看,我国报纸转型在战略选择上存在失误:片面学习欧美报纸的数字化转型,忽视了日本报纸的服务和发行优势。都市报决策者对短期效益的热衷,使其对长远的战略性投入缺乏热情。在服务和发行上的投入涉及环节多、投入时间长、见效慢的问题,更多的都市报偏向于选择立竿见影的全媒体转型。

今后,都市报转型需要把眼光放长远,舍弃"短、平、快"的思维,在报纸短板上下功夫,做好服务和发行等基础性工作。在转型策略上,应从基础做起,着眼于全局。

(一)摈弃"内容情结",做好基础工作

都市报转型的关键在于解决报纸不能适应用户需求的问题,这一问题存在的原因来自内容、渠道、终端、服务等各个方面。报纸价值消解的背后,是互联网等新媒体在渠道、终端、服务方面对都市报的全面超越。

欧美报纸的经验在于内容转型,日本报纸的经验在于报纸服务和渠道拓展。我国都市报存在的主要问题是在渠道、终端、服务等方面历史性欠账太多,就好像一辆车的四个轮子中有三个轮子在漏气,只有内容这一个轮子勉强还能运转。即便集中力量让内容这个轮子高速运转,但仍会受制于渠道、终端、服务其他三个轮子,都市报这辆车还是无法正常行驶,即使勉强启动也行之不远。

在一定意义上,我国都市报应向日本报纸学习,加大在渠道、终端、服务上的投入。在都市报的组织结构中,涉及渠道、终端、服务的部门,如发行公司、读者服务部等,基本属于边缘性部门,在报纸的整体运营中不受重视。报人固有的"内容情结",连同以采编为中心建立起的运行结构,使得渠道、终端、服务成为都市报转型的短板。

都市报数字化转型的探索已有数年，如烟台日报传媒集团的全媒体采编系统与流程再造、佛山传媒集团的"佛山模式"、解放日报报业集团的"4—i"新媒体战略、南方都市报的全媒体集群等，但真正有所成效并对报纸本身的生命力和影响力起到实质性推动作用的并不多。都市报转型需要放弃固有的"内容情结"，真正面对渠道、终端、服务等方面的问题，在资金、人才、政策上给予大力支持，鼓励创新试错，运用多种手段增长短板，甚至将之转化为都市报的优势。

(二)转型是系统工程，切忌小修小补

都市报转型是一项全新的系统工程，没有成形的经验可以直接采用。十几年来，在"摸着石头过河"的实践中探索，今年搞报网互动，明年做 App 终端，转型措施缺乏整体考虑，最终流于形式。不少举措开始时热热闹闹，几年后便销声匿迹。修补型的转型，与都市报转型的系统性相违背。缺乏实效的转型措施，难以获得持续的动力支撑。

都市报转型不是某个环节、某个部门、某个流程的业务改造，而是报纸价值再造的根本性变革。转型需要从报纸内容、渠道、终端、服务等多方面共同推进，需要从报社组织架构、制度考核、人员安排、部门设置等多个环节进行配套改革。任何单一的措施都可能因为缺乏配套政策的支撑和通盘考虑的规划而收效甚微。

目前，在我国报纸市场主体地位尚未真正确立的情况下，推进都市报转型确实阻力重重。我国绝大多数报纸实行"事业单位、企业化管理"的体制。与过去单一的事业单位性质相比，企业化管理很大程度上激发了报纸的创造力。改革开放三十多年来，当初受益于改革所激发的创造力业已消失，都市报的暮气、惰性加重，都市报转型缺乏切实变革的决心、壮士断腕的勇气，以及鼓励创新试错的大环境。

许多欧美国家的报纸属于上市公司，有着强烈的危机感和生存压力。一旦业绩不佳，随时有裁员甚至破产的可能。欧美报纸在推进转型的道路上较少受限于体制等方面的顾虑，即便出现转型路径上的失策，也不存在畏首畏尾、犹豫不决的现象。

(三)适应都市报发展新常态,勿自乱阵脚

从世界范围的报纸行业看，发行量和广告经营收入呈现下滑趋势。尽管在各个国家的具体时间表不同，但报纸的"黄金发展期"的确已经过去。在我国，不同种类报纸的发展高峰期不尽相同。市场类报纸特别是都市报的黄金十年起始于 1995 年，终止于 2005 年。都市报发展高峰期的过去，意味着该行业未来发展空间变得相对有限，发行量和广告收入的低速下滑将成为一种常态，都市报的赢利也将回归正常水平。

都市报在转型中需要适应报业发展的新常态，摆脱以发行量和广告收入来衡量报纸发展的单一指标，更多地参考有效影响力和社会公益性等多个指标。报人一方面需要转变观念，封存历史传承下来的职业骄傲感；另一方面需要摒弃自卑、适应常态，以平常心和进取心投入投纸转型。都市报价值会以新的方式得以重聚，其生命力也会因此得以延续。

第五章　服务用户:都市报转型的顶层设计

　　人类信息需求的本能是新闻产生的根本动力。"现代新闻体系不是某个国家的馈赠。它是人们进行的传播努力不断演变的现今阶段的产物,这种演变遍及各大洲,历时至少已有1万年。"[1]考察都市报的未来,需要将其置于新闻业的生态系统中,找准其位置,摸清其脉搏,顺应传媒潮流而动。

第一节　新闻业的重塑

　　互联网的迅猛发展,深刻地影响着社会发展和人类生活的各个方面。网络时代的新媒体具备"集成、互动与数字信号"[2]三大特征。从技术上看,新媒体是数字化的,以最终可以通过计算机二进制转化和处理为0和1的比特语言为信息载体;从传播特征看,新媒体具有高度的互动性。

　　报刊作为最早出现的媒体,其出现和繁荣使新闻传播从单一的信息传递行为逐步发展成独立的新闻业。近代新闻业的产生以资本主

---

[1] 〔美〕迈克尔·埃默里、埃德温·埃默里、南希·L.罗伯茨:《美国新闻史:大众传播媒介解释史》(第9版),展江译,中国人民大学出版社2009年版,第1页。

[2] 〔荷〕简·梵·迪克:《网络社会——新媒体的社会层面》,蔡静译,清华大学出版社2014年版,第6页。

义商品经济发展和全球市场扩张为背景，以适应社会的信息需求为宗旨。随着报纸经历商业报刊时期、政党报刊时期、大众化报刊时期，新闻工作逐步成为一个稳定的社会职业，新闻业在逐步规范成长中确立了至今仍在发挥作用的新闻专业主义和媒体社会责任论。

回顾新闻业的历史，新闻业的价值为满足社会需求而生，为社会公共服务而存在。新闻业的价值实现是与同一定时期社会的经济发展、技术进步和受众需求相联系并处在发展变化中的。传统新闻业的生产运行机制正在被新媒体的发展慢慢蚕食，这种"蚕食"证明了传统新闻业不是完美的，没有哪个行业是长久不变的。但与此同时，我们必须理解新闻业的内核是不变的，那就是新闻精神，"其背后深藏的乃是一种公共精神，一种民主意识和民族精神"[①]。

一、新闻权力从中心化到拓扑式的构建

在传统新闻业中，位于媒体中心位置的是编辑部（编辑室）。信息通过记者的分散式采集，聚集到编辑部这个中心进行统一编排，最后经过层层把关，形成最终的产品形态向社会传播。这一新闻权力中心化的封闭运行模式，在整体上维护了新闻价值理念的纯正，提升了新闻操作的专业性和规范性，保证了新闻产品的品质，在客观公正报道、服务社会公众方面发挥了重要作用。然而在该模式下，新闻的采集权、报道权集中在少数人和集团手中，比如报社的管理层或记者、编辑。

美国的 J. 赫伯特·阿特休尔（Herbert Altschull）在《权力的媒介——新闻媒介在人类事务中的作用》一书中认为："不管新闻媒介处于何种政治、经济或社会制度之下，其任务均是打着社会责任的旗号追求真理。这一追求是使用新闻媒介的人民通过被告知或受教育的

---

① 杨保军：《新闻精神论》，中国人民大学出版社 2007 年版，第 8 页。

途径进行的。以上这些根本方面到处都是一致的。但问题是，这些词语是在不同地点，以不同方式，以及同一地点的不同人进行定义的。"①

从全球范围内看，即便是在新闻业发达的美国，商业巨头对传统媒体的收购整合也让公众增添了对新闻业能否守住自己客观公正立场的担忧。政治力量和经济力量始终是对新闻业产生重要影响的两大主要因素，新闻媒体也总是掌握在一定的政治利益集团、经济利益集团或其他利益集团的手里。在传统新闻业封闭的中心化权力运行机制中，新闻业所倡导的服务社会公众的无私精神和一系列专业主义规范并不一定总能得到良好的贯彻。

以我国都市报与其广告客户之间结成的利益共同体为例，记者在采访前需要提前熟稔于心：自己所采写的新闻特别是批评报道是否涉及广告大客户？如果牵扯到广告大客户，即使成稿，通常也无法见报。在当前报业整体利润下滑的背景下，对广告客户的"保护"已经成为报纸一条不成文的规定，"成熟"的记者会自动规避这类采访，以免做"无用功"。

新媒体的出现，赋予了用户发布信息的权力，让新闻权力中心开始去中心化，人人皆是信息的发布者和报道者，新闻业传统的生产机制受到冲击，新闻权力从精英阶层下移到普通大众。新闻权力的分散，使传统媒体从"无冕之王"的高处开始回归平常，这符合新闻业发展的基本规律，即朝着更民主、自由的方向前进。同时，新闻业的去中心化并不代表无中心化，无论是传统媒体还是新媒体，与普通公众相比，在信息的采集、制作、传播方面还是具有明显的专业优势的。

新闻业是为满足社会需求而生的。面对着当前不断分化、细化的社会需求，新闻业需要在大众传播和小众服务之间寻求一个平衡点，

---

① 〔美〕J. 赫伯特·阿特休尔：《权力的媒介——新闻媒介在人类事务中的作用》，黄煜、裘志康译，华夏出版社1989年版，第320页。

既坚守新闻业的专业精神和职业理念,又要跟上社会需求不断变化的步伐。

　　产生于大众传播背景下的新闻权力中心化的运行机制不再适应分众化的信息需求,新闻业将围绕分众化的信息需求努力构建一种拓扑式的开放新闻权力分布机制,主动实现新闻权力的下移和扩散,如图5-1所示。

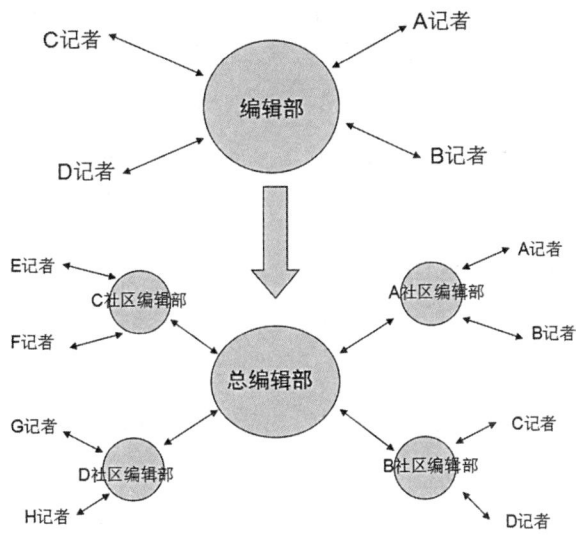

图5-1　新闻权力中心化向拓扑式变迁

　　目前,不少媒体通过把公众纳入新闻生产中来实现新闻权力的扩散。新闻权力下移的方式和底线还有值得探索的空间。都市报应该吸取新媒体的经验,努力实现针对用户个人的定制服务:一方面学习新媒体开发网站和 App 软件;另一方面借助都市报原有的影响力和公信力,选择用户重要的活动地点进行推送服务。比如新闻权力下移到社区,组建社区编辑部和记者站,让编辑记者在社区落地生根,使都市报面对面地服务用户;在总编辑部之外形成若干社区编辑部,各个编辑部之间构成星形拓扑式连接网络,让每一个社区编辑部都变成一个新闻权力节点,从而畅通地了解社区用户的需求并有针对性地提供信息服务,消除传统模式下大众传播的覆盖盲区和无效传播缺陷。

二、信息产品从以新闻为主转向新闻与生活服务并重

未来的新闻业应该向社会提供什么样的产品?盖房子、卖商品等副业不应该成为新闻业的主流,立足于满足用户的信息需求才是新闻业的立足之本。

在新媒体没有出现的传统新闻业时代,信息产品被定义为新闻产品。限于理念和技术的制约,用户旺盛的生活信息需求在传统媒体那里得不到满足。基于此,新媒体在设计之初便立足于满足用户的体验与需求,以淘宝网、房天下、58 同城等为代表的一批生活服务类网站迅速崛起。用户体验有惯性,可以不断加强用户与新媒体的接触频次、接触深度,使百度搜索、微信这样的应用成为其生活中的必需品。对仍执着于新闻产品的都市报而言,它们必须要有对受众新闻需求和生活服务需求的清醒认知。相对于衣、食、住、行和社交等本能需求而言,新闻并不是受众的必需品,这也是包括都市报在内的传统媒体用户群体流失和影响力下降的一个重要原因。

用户需要是未来新闻业生存的根本,满足用户需要并建立起稳定的连接关系是都市报生存的根本。靠新闻产品一个拳头打天下的"新闻时代"已经过去,新闻报道的专业性和独立性也呈现出衰退的态势。2009 年 10 月 20 日,美国《哥伦比亚新闻学评论》刊发了名为《重建美国新闻业》的报告,报告指出:"一直以来作为美国独立报道的主要来源的报纸确实正在萎缩。越来越少的记者正在越来越少的版面上报道越来越少的新闻,在 20 世纪最后 30 年,都市报所享受的几乎垄断式的霸权随着它们主要受众的分化而正在消失。"[1]独立报道的衰退不

---

[1] Leonard Downie Jr.,Michael Schudson(2009),"The Reconstruction of American Journalism",*Columbia Journalism Review*,48(4),p. 28.

仅仅出现在美国,我国近三十年来深度报道也呈现出逐渐"软化"的状态。复旦大学陆晔在《报道如何深入——关于深度报道的精英访谈及经典案例》一书的序言中写道:"如果置于媒介/权力的结构关系中去看,近年来深度报道的发展,呈现出宣传管理、市场需求和新闻媒介自身专业诉求之间的微妙平衡关系。其中任何力量对比改变时,深度报道的整体取向、力度和深度就会改变。"①

对未来的新闻业而言,都市报面临着两大挑战:一是新闻报道品质的降低,如何重建新闻品质是立身之本;二是不断缩小的用户群体及由此而出现的影响力的下降,如何重构与用户的关系是生存之本,二者不可偏废。在传统新闻业的时代,基于自身的垄断地位,都市报基本上无需考虑与用户的关系问题;但在今天,都市报受到新媒体与用户的双重挤压,未来新闻业所生产的信息产品应是新闻与生活服务并重的产品。

2006 年,美国新闻研究所(American Press Institute)和创新视点(Innosight)咨询所联合公布了一份名为 *Newspaper Next:Blueprint for Transformation* 的研究报告,提出:"如果报纸在重新召回受众这个问题上是认真的,那么,其重心就要从产品和服务转向消费者的生活。核心问题是,我们在自己欲服务的消费者中将扮演何种不可或缺的角色。"②报告进一步指出,报纸只有"超越新闻"(look beyond news)去满足人们的其他需求才能赢得受众。

新闻信息对社会中的个体也许不是必需品,然而对于整个社会而言却是必需品。与此同时,都市报需要努力嵌入用户的生活中,使自

---

① 张志安:《报道如何深入——关于深度报道的精英访谈及经典案例》,南方日报出版社 2006 年版,第 4 页。

② *Newspaper Next:A Blueprint for Transformation*,检索于 http://www.americanpressinstitute.org/wp—content/uploads/2013/09/N2_Blueprint—for—Transformation.pdf。

身成为用户生活的一部分。而提供生活信息服务是嵌入用户生活的可行途径，只是生活信息服务以什么样的形态嵌入目前还难以预测。作为用户生活单位的社区也许是都市报可以探索的方向之一。

三、行业定位从话语权争夺和利润并重转向话语协商和公共服务

新闻业从诞生之日起就具有对立统一的市场属性和社会属性。在近现代新闻业发展时期，新闻业发展经历了封建官报时期、近代商业报刊时期、政党报刊时期。随后在大众化报刊时期，在市场资本的力量下，新闻业实现了独立发展，市场属性不断扩张，美国出现了"黄色新闻"潮。作为对"黄色新闻"的抵制，新闻专业主义和社会责任论走上了历史舞台。抵制这股黄色新闻潮的代表人物阿道夫·奥克斯（Adolph Simon Ochs）在 1896 年成为《纽约时报》的新老板，其办报理念是"本报刊登所有值得刊登的新闻"。从新闻业发展的历史中可以看出，市场属性和社会属性一直处在此消彼长的力量博弈中。

新闻业的双重属性使得人们在对这一行业进行衡量时往往采用双重指标：社会责任指标和经济利润指标。从历史上看，在大众化报刊时期，便士报的崛起让广告代理商们看到了这个"新媒介"惊人的发行量，并实现了报纸与广告的第一次紧密结合，也为以后新闻业的发展套上了以经济利润为主要衡量指标的枷锁。

2012 年 11 月 26 日，哥伦比亚大学新闻学院 TOW 数字新闻中心发布了长达 126 页的《后工业时代的新闻业——适应当下》（*Post-industrial Journalism：Adapting to the Present*）一文，其中提到："一旦我们以'对世界产生的影响'而不是以简单的'赚钱'来界定成功，我们的看法将改变。"①美国北卡莱罗纳州立大学新闻学院教授菲利普·迈

---

① C. W. Anderson & Emily Bell & Clay Shirky (2012)，"Post-Industrial Journalism：Adapting to the Present"，*Columbia Journalism Review*，(11).

耶（Philip Mayer）认为，报纸"要解决的问题不是设法保持以往的赢利性，这样的可持续性是不存在的。真正的问题是如何调整利润水平，使之适应竞争市场的常态"①。当不再单纯以利润指标来衡量新闻业的发展时，新闻业将重拾其本来面目，回到满足公众的信息需求这条轨道上来。

此外，未来新闻业不再是大众传媒的天下，政府、各类社会组织、个人及团体通过网站、论坛、微博、博客、微信具备了一定的话语权。新媒体出现前，传统媒体通过话语权的掌控来呈现、解释社会进而影响公众、掌控舆论，对话语权的争夺成为传统媒体的一项重要任务。新媒体出现后，组织和个人拥有了发声的权利，传统媒体通过掌握话语权而据有的垄断地位和广泛影响逐步衰落。与此同时，"人人都有麦克风"导致嘈杂声音和分歧观点大量出现，不同群体的价值和利益之间的冲突日趋明显，社会离心力增强。

都市报过去那种单纯制造新闻产品的、封闭的、以内容为主的生产模式呈现出愈发僵化的迹象，并逐步远离受众，成为掌握新闻规则的少数人和集团掌控的"游戏"。未来的新闻业是走下神坛的新闻业。都市报应以开放的心态将用户纳入自己的生产模式中，以客观公正的新闻服务主动介入社会公共事务，搭建第三方的社会对话平台，发挥其意见对话和话语协商的功能。

第二节　都市报转型的变迁趋势

在未来的新闻业中，都市报存在的空间、时间、场景、与用户之间的关系以及自身的定位都会发生变化。

---

① 〔美〕菲利普·迈耶：《正在消失的报纸：如何拯救信息时代的新闻业》，张卫平译，新华出版社 2007 年版，第 259 页。

一、回归家庭：存在空间、时间、场景的变迁趋势

媒介的存在及意义总是与受众使用媒介时所处的空间、时间和场景紧密联系的。媒介通常会在公共场合、私人场合和公私过渡的场合中被消费。"媒介消费最重要的私人空间是家庭。例如，正是在家庭中，孩子们第一次接触媒介。很多人关于报纸的第一次记忆是看到父母阅读报纸。"①在新媒体出现之前，传统媒体的使用空间和时间都相对固定，偶有交叉但各得其所。用户接触媒体的空间基本分布在家庭、工作场所、上下班路上这三个地点。每个用户每天通过媒体获取信息的时间分配和空间分布是有规律的。都市报作为以纸质形态存在的媒体，在便携性和移动阅读上劣势突出，更适合在相对静止的空间阅读并伴随读者的思考。

从都市报的发展历程看，都市报最早流行的地点就在家庭，"飞入寻常百姓家"是改革开放之初都市报的定位。20 世纪 90 年代以后，随着城市化的发展，大量外来人口涌入城市，迁入城市的外地人成为"上班族"的主力，上班路上买报并使之伴随旅途成为一种时尚。此时，都市报的存在空间从家庭迁移至上班路上，不少晚报纷纷因此而改变出版时间以适应上班族的购报需求，"晚报早出"成为普遍现象。

目前，都市报在城市报摊的零售量不断下滑，这是由用户的阅读习惯和媒介的特征共同决定的。在零售报摊购买报纸的人群以上班族为主，然而智能手机的普及使移动阅读成为流行趋势，都市报在零售市场上的衰落成为必然。此外，办公场所这一空间被电脑抢占。目前除了一些政府机关和事业单位还有办公室看报的习惯，绝大多数公司已没有读报的氛围与条件。都市报发行量总体呈现零售量不断萎

---

① 〔美〕劳伦斯·格罗斯伯格：《媒介建构：流行文化中的大众媒介》，祁林译，南京大学出版社 2014 年版，第 289 页。

缩的态势,主要靠订阅数量保证发行。

都市报未来的存在空间将从零售报摊和上班路上回归到家庭。用户的家庭亦成为媒介终端的集散地,广播、电视、电脑、手机等对用户接触媒体时间的争夺将异常激烈。因此,都市报必须考虑以何种形态进入用户的家中,并找到找准自身的位置。

除了时间、空间等因素外,场景在影响用户选择媒介方面起到的作用越来越大。所谓场景,即空间、时间等变量因素与用户自身行为(包括用户习惯、喜好、心理活动等)的结合,这种结合的背后是移动设备、社交媒体、大数据、传感器和定位系统等技术的发展和普及。场景和移动终端使用之间的关系更为紧密,比如你到外地出差,一下飞机手机便可以自动定位你的位置,周边的餐厅、住宿、超市等信息就开始被推送给你。因此,作为纸质媒体的都市报,要从传统的时间、空间观念中跳出,关注新兴的场景使用,避开弱势场景(如移动中的用户),在相对静止的场景中探索都市报的定位。

二、"圈对圈":用户关系的重构方向

都市报作为报纸的一种,主要以城市市民为服务对象,其价值存在于与用户的关系中。在新闻产品的品质存在较大提升空间的条件下,依靠单一的新闻产品很难保证用户会拿起报纸认真阅读。新闻定制化和服务定制化并不意味着要精确到个人,这种定制化为都市报与用户关系的重构提供了思路。

首先,都市报要走出对纸上信息产品的迷恋,虽然这是都市报乃至整个报业最为看重的核心力量,但当下用户对新闻的热度远不及对社交的迷恋。以用户群体庞大的微信为例,它并不具备独一无二的新闻产品,却契合了用户社交的本能,以强关系式的社交圈虚拟形态将用户圈住。

其次,都市报要正确理解定制化的方向。定制化不是要为每位读者生产一份"我的报纸",不是完全按照个人兴趣爱好生产报纸。"如果《我的日报》不关注社会、不热心公民事务,我们有一天也许会发现自己生活在一个更加封闭孤立、更加分割、更加危险的世界中。"①一方面,报纸可以在纸质媒介的层面,通过社区报对同一社区内的人群提供以新闻为主的定制化服务;另一方面,报纸可以利用互联网技术,推出 App 软件,通过本地生活服务信息的整合推送,满足用户的生活服务需求,构建用户的本地生活圈,同时在社区建立社区服务站,提供各种实体化服务。

都市报要与用户重建稳定的关系,必须走纸、网、站相结合的道路,实现报纸与读者关系的"圈对圈"转型。所谓"纸、网、站",就是都市报要依托报纸、网站和社区服务站建构三位一体的关系。都市报母报与社区报子报构成报纸集群,都市报网站与本地生活 App 构成网站集群,社区服务站、社区编辑部、社区记者站构成实体站集群。通过报纸集群、网站集群和实体站集群,构成全方位服务于社区居民的传媒生态圈,对接用户日益丰富和个性化的信息需求。

三、公共机构:都市报的重新定位

回顾报纸发展的历史可以看到,报纸的定位随着社会的发展而不断变化。最初,报纸只是小众媒介;随着社会教育水平的提高、技术进步与城市化进程的加速,报纸实现了向大众媒介的转变。沿着历史的轨迹,当下的都市报理应丢弃惯性思维,顺势而为,实现自我的重新定位。

未来,都市报应摆脱一百多年来新闻机构的传统定位,向提供信息服务甚至有形服务的公共机构转型。新闻机构与单纯的公共机构之间

---

① 〔美〕罗杰·菲德勒:《媒介形态变化:认识新媒介》,明安香译,华夏出版社 2000 年版,第 208 页。

最大的不同在于,新闻机构具有社会属性和市场属性,是生产销售新闻产品的专业性机构,公共机构则是提供社会公共服务的公益性机构。

社会的发展推动了信息流通的扁平化和自由化,政务网站、法人微博等新媒体的兴起使传统新闻机构"信息中介"的功能逐步下降。例如,过去,某政府机关发布新闻一般需要邀请记者采访并进行发布;而现在政府可以直接在自己的官方网站上发布信息。尽管记者采访与媒体刊播会扩大知晓范围,但新闻机构的"中介"功能已不比从前。

作为社会发展主导力量之一的政府机构也正在深化改革,努力畅通与市民百姓的沟通渠道,开通了政府服务热线、政府信箱、政务面对面等多种沟通方式。政府的透明化改革使新闻机构"社会协商"的功能与以往相比显得相对次要了。笔者曾亲身打过济南市政府服务热线 12345 反映问题,每个电话都有回复,尽管反映的问题不一定都能得到解决,但这些热线电话确实起到了倾听民声、畅通民意、化解矛盾、促进和谐的作用。

新媒体的发展使用户对新闻产品需求的期待有所下降,与此同时,城镇化的推进则使用户对公共服务的期望值上升。以往我国社会采用城乡空间的划分,在城市中又有单位组织的划分。目前城乡户籍制度的融通和单位附属社会职能的市场化改革,使人群逐渐被社区所划分。社区替代单位,成为用户存在的最小公共单位,从而使用户对公共服务的期待需求出现较大增长。①

面对这一降一升,都市报应顺应潮流,努力实现新闻机构向公共机构的转型。这一转型不是放弃对新闻产品的高品质追求,而是努力拓展信息产品服务的边界和丰富服务的内涵。此外,都市报与市民之间密切的联系,使其具有向公共机构转型的先天优势。

---

① 这一公共服务主要是指用户在城市生存和生活所需要的基本供给和保障,比如衣食住行、教育、医疗、娱乐等。

第三节　转型的组织结构、考核制度与人才使用

都市报转型作为一项系统工程，以再造报纸与读者的关系为核心，以用户体验为导向。转型的系统性和整体性要求调动都市报的各种资源为读者服务，而不应局限于一篇报道、一个版面、一个创意或者一个活动。资源的汇聚要求打破部门的条块分割和利益界限，调动全员的智慧和能力实现对用户需求的快速精确反应，以最小沟通成本实现对用户服务的最大化。

目前，很多都市报在传统的报纸机制框架下进行转型，进行了不少探索性、前瞻性的改革，比如推出报纸 App 软件、创办社区报、让读者参与内容生产等。然而，都市报作为兼有政治属性和市场属性的媒体组织，从人到制度，再到组织结构，如果仍然沿袭传统的报纸运行模式，其报纸转型探索带来的收益最终会被抵消殆尽。

都市报价值的回归，取决于都市报与用户关系的重构，这不仅需要理念的更新和认识的提高，也需要方向的清晰和路径的可行。都市报转型能否成功的关键，还在于能否建立起保证这种理念认识和方向方法得到贯彻执行的机制和体制。都市报的体制和机制主要涉及人、制度和组织结构三个方面。作为一项系统工程，都市报转型一方面要在关系基础上重构自身价值，另一方面要对传统体制机制进行彻底改造，以保证都市报新生价值的持久性和稳定性。

一、组织结构变革

都市报转型的方向决定了报纸组织结构改造的方向。在西方的报纸转型之路上，围绕着转型进行的报纸组织结构调整一直贯穿始终。《今日美国》前任总裁兼发行人汤姆·库利（Tom Curley）曾对该

报员工说:"一场广为宣传的数字革命终于来到我们家门,我们需要一个新的组织结构来应付随之而来的各项挑战。这个新组织并不是指简简单单地开一扇窗,而是需要拆除所有的围墙。"①

而在我国,很多转型措施最终流于形式,深层次的原因之一即组织结构改革的滞后。在变革前,必须弄清的三个问题是:都市报是什么? 都市报怎么做? 都市报为什么这么做? 都市报是拥有新闻产品的公共机构,以服务社会大众为根本目的。都市报要以满足用户需求为出发点,所有的工作要围绕用户需求开展,因为满足用户需求才是都市报存在的价值所在。

(一)组织改造方向

都市报的科层制组织结构以管理为主,自上而下按照功能分工设计。而都市报转型客观上要求打破部门界限,这与越来越多的部门设置形成了鲜明的矛盾,并导致报社内部的组织协调成本不断加大,转型措施无法长久坚持,最终流于形式。以每年的全国"两会"报道为例,各家都市报会抽调各个部门的记者组成统一的报道团队赴北京采访。"两会"报道过程中,各家都市报也会创新报道方式,并总结相应的报道经验。然而随着"两会"结束,报道团队解散,记者回归原有的部门,使"两会"报道中采用的创新方式难以为继。

在科层制金字塔式组织结构下,都市报按照上级命令和岗位分工实现其目标,决策权来自于金字塔尖,基层记者、编辑是被动的执行者。一方面,来自基层一线的最鲜活的信息和思考因为层级过多而无法顺畅地上传至决策层,客观上造成了决策者和执行者之间的分裂甚至对立;另一方面,基层的记者、编辑和中层管理人员分散在不同部

---

① Michael Tushman,Micheael J. Roberts,*USA TODAY:Pursuing the Network Strategy*,检索于 http://s3. amazonaws. com/edcanvas—uploads/88483/dropbox/1373502693/USA%20Today. pdf.

门、不同岗位,彼此之间横向联系较少,处于相对孤立分割的状态。纵向分裂和横向分割的状态使都市报面对用户需求时反应比较迟钝、资源难以集中。

适应都市报转型的组织结构应以服务用户为主,自下而上地按照业务整合设计。都市报在组织结构改造中,应消除科层制弊端,变自上而下的管理为自下而上的服务,通过要素重组,增强组织结构的包容性和灵活性,为都市报资源的流通和整合创造良好的条件。

首先,扁平化是组织结构改造的大方向,即弱化纵向层级界限和横向部门界限。一是在组织结构中大力引入并充分发挥网络平台的作用,利用网络的互联性把分散的部门和个人凝聚起来,一线动态信息从部门共享上升至报社共享,上传下达的信息从层级传播转变为"点对点、点对面"传播。二是减少中间管理层次,通过与基层人员的沟通交流,决策层能够更加迅速准确地了解基层面临的问题和困难,拿出有效可行的解决措施。

其次,实行松散化分工。目前条块分割的职能分工限制了部门协同的主动性,而都市报转型需要各个部门的协同整合。因此,在都市报部门分工设计上,应突出协同整合职能,弱化部门日常职能界定。在未来都市报的部门和岗位设置中,将有一些交叉性部门和岗位出现,以实现技术、创意、新闻、活动、服务等的结合,更好地满足用户需求。

2014 年 3 月 24 日,在《纽约时报》内部推出的创新报告中,建议增设"受众拓展管理岗位"(a senior newsroom leader in charge of audience development)、"战略分析团队"(a small strategy team)等岗位或团队。其中,"战略分析团队使新闻编辑部领导对竞争策略、不断变革的技术和不断改变的读者行为等保持了解"①。这一团队的设立能够帮助被日常报道、事务缠身的编辑部领导短暂抽身,去考虑报纸发展的长远问题。

再次,充分尊重和发挥个人的主观能动性。在满足用户需求方面,报纸要鼓励和发挥员工个体的智慧和创意。用户需求的分众化、个性化,不能用大众化传播模式下的"一刀切"式方式予以满足。面对不同的用户需求,个性化的创意往往来自于报社员工某些灵光一现的思索,而从业者积极主动的思考在等级严密的科层制结构中往往难以找到合适的展示平台,很容易被忽略。

最后,改造企业文化。企业文化应以促进企业发展为根本目的。传统媒体的企业文化大多还停留在"福利型"层面,即奖励休假、组织出游、文体比赛以及多种形式的补贴等。当前,传媒组织内部的诉求日益多元,组织外部的挑战也不断增多,都市报的企业文化应从"福利型"向"创意型"转变,积极向阿里巴巴、腾讯、百度等互联网公司的企业文化学习,营造鼓励创新、包容创意的新型企业文化,为都市报转型注入新的动力。

(二)组织改造路径

都市报的组织结构改造应坚持权力分散和集中的统一,既保证决策层在尽可能掌握全面信息的情况下科学决策,又充分调动基层、中层的主观能动性。事关全局的决策权和监督权要保留在决策层,其余的权力尽量下放,让基层和中层人员按照既定的原则灵活掌握。

在具体的改造路径上,按照服务用户需求的业务流程再造组织结构。以都市报的内容生产为例。在传统科层制模式下,一条新闻的产

---

① *The New York Times Innovation Report*,检索于 http://www.presscouncil.org.au/up-loads/52321/ufiles/ The_New_York_Times_Innovation_Report_-_March_2014.pdf。

生过程为：记者主动发现或他人间接提供新闻线索，进而采访写作，稿件完成后上传至编辑部，最后见报。记者从属于固定的部门，对接固定的领域或行业，采访写作基本属于"单兵作战"，在该条新闻线索的采访写作中很难做到"一站式"的信息挖掘。即便后期经过编辑的相关信息整合，该条新闻也很难做到"面面俱到"。如果部门主任及时监控到该新闻线索，组织相关记者和"跑口"记者共同采访，或许可以实现立体报道。然而，组织的科层制结构性缺陷使这样的协调少之又少。

当前，用户需求的不再是简单的时政新闻、经济新闻、文体副刊、本地新闻的组合，而是得到信息、服务、体验一体化的满足，这就需要采访部门、编辑部门、经营部门等多个部门联合协作。业务流程则由用户需求调研、用户需求满足、用户后续服务、用户反馈回访等各环节组成。都市报的组织结构应遵照此流程进行四个方面的改造：

1.打破按职能划分的部门界限，实行部门加小组（团队或工作室）的双重运行

部门相对固定，而小组则灵活组合。根据用户需求和都市报不同的项目设置若干小组，每个小组都是相对独立的业务单元，如全国"两会"小组、突发事件小组、医疗卫生小组、房地产小组等。小组成员来自于不同部门，既有记者、编辑，也有广告经营人员，还有新媒体技术人员。报社应打破原先部门界限的设置，促使不同部门间的协调合作成为一种自觉。报社对小组实行项目考核，一个项目结束后，小组成员可以再次重新组合。不同岗位的人围绕着同一个项目，既可以较好地完成既定项目，也可能碰撞出创意，生产出个性化的内容产品或提供独特的服务。该类小组的常态化运行，会不断冲破部门的固有界限，促成都市报内部多种资源的自由流通组合，从而实现对用户需求的灵活配置和有效服务。

目前,都市报也会围绕一些重大事件如全国"两会"、突发灾害、节庆报道等组建报道团队,成员组成以采编力量为主。这种报道团队因事而建,具有临时性,尚未常态化、制度化。今后,都市报应积极探索小组的运行,充分挖掘每个员工的最大潜力,以满足用户的个性化需求。

2014 年 7 月,南方都市报对报纸进行了一次全新优化。《南方都市报》总编辑任天阳认为:"南都的这次优化升级,不同于以往任何一次,将不仅仅是内容品种和版面形态的调整,而是因应当前媒体环境,而进行的思维观念改变、生产流程再造、人力结构重组的全新变革。"[①]在这次调整中,南方都市报在流程再造方面成立了虚拟工作室,如数据新闻工作室、科学新闻工作室、朋友圈新闻工作室等,并制定了虚拟工作室制度,对虚拟工作室赋予一定考评权限和给予适当经费扶植。这些工作室由主持人牵头,有关记者、技术、制图、美编等不同工种人员组成一个团队,建立虚拟的工作室,扁平管理,以选题制的形式运行,目前已经开始运转。

2.增设新的部门和岗位

用户需求的变化将传统的都市报业务流程不断拉长延伸,都市报的业务流程在对接用户需求方面出现了大量的"真空"地带。这些"真空"地带无法靠简单的部门协作填补,而需要增设一些新的部门和岗位。都市报在技术研发、市场拓展方面基本处于起步阶段,在新闻内容生产上仍以采编为主,缺少用户拓展,缺少数据新闻,缺少移动新闻。这些工作必须通过增设新的部门和岗位来完成。

互联网公司在岗位设置上的某些做法值得都市报借鉴、学习。在

---

① 任天阳:《南都再优化:更慢更优雅,更快更灵动》,《南方传媒研究》2014 年第 48 期,第 19—26 页。

腾讯官方网站的招聘页面上，招聘人员被划分为七类，分别是技术类、产品/项目类、设计类、市场类、职能类、内容编辑类、客户服务类。在阿里巴巴官网的招聘页面上，招聘人员被划分为六类，分别是产品经理、开发、前端工程师、体验设计师、运营、服务。从这些招聘人员的分类来看，互联网公司以用户为导向，业务流程涵盖了产品的研发、体验、上市、推广、服务等各个环节。相比之下，都市报仍是以记者、编辑为主体的"单向式"内容生产，在技术研发和用户需求跟踪上存在组织结构缺陷，没有形成完整的产品生产链条。

国外一些报纸在转型中已经加大了组织结构的调整力度，这从其招聘人员的岗位设置中便可见一斑，交叉性、跨界性成为岗位的主要特征。这些交叉性岗位及归属的一些新型部门从组织结构上重构了报纸产品的生产。在《纽约时报》的招聘网站（http://jobs. nytco. com/）上，该报把招聘人员分为三类，分别是技术、市场/分析、编辑部。2014 年 12月—2015 年 1 月期间，《纽约时报》在编辑部人员的招聘中设置了八个职位，分别是艺术总监（art director）、图片编辑（picture editor）、社交战略编辑（social strategy editor）、移动编辑部拓展者（mobile newsroom developer）、互动设计师负责人（lead interaction designer）、数字平台编辑（digital platforms editor）、互动新闻拓展者（interaction news developer）和移动产品设计负责人（product design lead/mobile）。这八个职位分属于不同的产品部门和团队，比如社交战略编辑属于用户拓展部、互动设计师负责人属于数字设计团队。

3. 实行岗位轮换制

记者和编辑之间进行岗位轮换，中层管理人员之间实施轮换，使每个人都能对不同岗位的职责分工有所了解，熟悉都市报的整个业务流程，为今后的协同合作打下良好的基础。这种岗位轮换可以采取短期与长期两种形式，分批次分岗位推进：重要岗位可采取短期轮换，普通岗位可采取长期轮换,以免频繁轮换影响报纸的正常运转。

目前,已有不少都市报实行定期或者不定期的岗位轮换。然而,这种岗位轮换主要基于员工个人的换岗诉求和部门对具体工作的考虑,尚未站在报纸全局的业务流程改造上进行通盘规划。此外,一些岗位经过轮换后出现长期不动的情况,没有形成真正的岗位循环。

4.试点项目承包或外包制

以职能分工为特点的都市报组织结构,其最大的特点是稳定性较高,每个部门及其员工可以按照既定的职能和分工按部就班地推进各自的工作,缺点在于缺乏灵活性和创新性。面对多变的市场和分众化的用户需求,都市报可以尝试把某些产品和服务以项目的形式进行公开招标,也可以鼓励员工自由组合,以项目小组的形式申报项目,最终以合同的形式约定双方的权利和义务,从而促进竞争,提高产品和服务质量。

都市报可以将限于自身专业能力、技术水平、时间精力等多种因素而无法操作或操作后效果未知的产品和项目拿来做试点,比如读者需求调查、新媒体产品等,以项目招标的形式,向全社会包括集团内部开放,通过竞争提高产品品质。一旦项目成功,报纸便可以逐步将其"收编"和"升格",使其成为都市报的部门或下属公司,并在合适的条件下引入股权激励机制。

2014年上半年,浙江日报报业集团在集团内部举行了创新孵化大赛,由员工自由组合报名,一个小组多的近十人、少的三四人。组员来自采编、技术、广告、美编等多个部门,小组产品包括服务类网站、移动App、微信公众订阅号等。最终,50个参赛项目入围,20个项目进入孵化程序,并配套了2000万资金予以支持。孵化项目采取项目制管理,每个项目配备1名运营孵化经理和1名技术孵化经理,同时对项目进行经济考核和阶段性成果考核。

二、考核制度变革和人才使用转向

都市报转型的系统性和整体性要求其转型必须有配套的制度改革和观念变革。与科层制的组织架构相适应的都市报的制度体系,按领域可划分为新闻生产制度、广告经营制度和行政管理制度。统领这三个制度的是绩效考核制度,其中对新闻生产、广告经营的绩效考核尤为突出。绩效考核对编辑记者而言是对工作量(打分制)的考核,对广告经营人员则是对广告创收的考核。前者是对新闻生产效率的考核,后者则是对经营经济效益的考核。

绩效考核制度保证了报社按照固有的模式常态化运行。但这种按部就班的运行对亟须变革创新的都市报而言,意味着一种阻碍。未来,都市报制度应以用户为导向,鼓励创意,鼓励不同部门、不同岗位合力生产,试行岗位考核和产品孵化考核。

(一)考核制度变革

转型后的都市报制度考核应从对人的考核逐步转向对产品的考核。产品既可以是具体的新闻栏目,也可以是活动,还可以是新媒体产品。通过产品考核,引导新闻从业人员自觉树立用户意识和市场意识。

都市报目前的制度体系以实行有效的组织管理为出发点,通过琐细化的条文和数字化的指标实现对个人的有效管理,分工比较明晰,执行效率比较高,但与互联网时代以用户为中心的产品生产模式并不相适应。

1.淡化绩效考核中量的考核,试行岗位考核

在英美等国,编辑记者的收入相对固定,按岗位、按人论价,基本上没有对编辑记者的绩效考核。个别报纸即便有绩效考核也不和收入挂钩,只是作为其中一个评价参考指标。"在英国,各大报章几乎没

有什么成型的考核体系,即使有几家进行考核的,也如例行公事一般,且不与报酬挂钩,员工并没太当回事。"①

在日本,"朝日新闻社员工工资分为标准工资、加班工资和奖金三块。标准工资的基础部分是根据 2001 年开始实施的基于职能资格制度引入的职能工资。为了更公正地反映包括采编人员在内的员工的能力和成果,首先由员工对自己以往的成果和今后目标进行申报,然后实施面谈。面谈后,每年一次对过去一年的能力增长情况和目标达成状况划分出 11 个档次,进行评价。将这个评价结果通知本人,作为定期加薪和发放奖金、升职的基础要件。"②

曾探访过美国 15 家媒体公司的苏荣才对美国编辑记者的考核进行了分析:"第一,美国的编辑记者虽然拿的是'死工资',但并不等于吃的就是'大锅饭',不同的岗位、不同的人的收入是不一样的。第二,美国报纸的编辑记者是有身价的,而且这个身价是受到市场之手调节的,你是名记者、名编辑,你能写出好文章、为报纸挖到猛料,就会有很多报纸来争抢,你的身价自然就高,这本身就是一种激励机制;在这种机制之下,稍有进取心的人总是想方设法去努力、去奋斗。第三,美国报社里的'死工资'并非一成不变,如果你的工作表现很出色,上司或老板赏识你,就会为你加工资;如果你长期偷懒,拿不出什么好的稿件或版面,不但你的收入会被下调,而且有失掉饭碗之虞。"③

英美国家报业中,编辑记者没有工作量的考核,主要靠编辑记者的自我调节。日本在英美国家的自我调剂基础上增加了一个"宽松"的评价考核。无论哪种模式,都没有我国都市报对记者、编辑的细化考核。考核工作量直接与奖金收入挂钩,导致记者、编辑片面追求数

---

① 　唐亚明、王凌洁:《英国传媒体制》,南方日报出版社 2007 年版,第 85 页。
② 　尹良富:《日本报业集团研究》,南方日报出版社 2005 年版,第 13—14 页。
③ 　苏荣才:《对话美国报业总裁》,南方日报出版社 2005 年版,第 214 页。

量的情况愈发严重。此外，工作量考核以月为基本单位，周期短、压力大，使得记者宁愿去写短平快的"豆腐块"稿件，也不愿意花费更多的时间、精力做调查性报道。为了追求数量的最大化，记者、编辑缺乏主动创新的动力和保障，因循传统花费时间最少，精力成本最低，承担风险也最小。在"分分分，记者的命根"的考核制度下，创新缺乏生长的基本土壤。

都市报现行的绩效考核还具有以个体为考核主体的特征。每个记者、编辑都是一个独立的考核个体，个人只需要努力完成自己的工作量，而不需要与他人合作，和报纸的整体运行也没有直接联系。这一鼓励个体"自产自销"的考核方式缺乏个体间的协同性和合作性，甚至导致个别记者、编辑为了完成个人的工作量而排挤其他同事，造成团队不和谐。

当然，我国的都市报转型没有必要完全照搬英美报业的经验，但当前过于细化的绩效考核确实不利于报纸的整体转型，因此，本书建议实行弹性绩效考核和岗位考核相结合的方法。比如，对报纸的采编人员全员定岗，不同的岗位对应不同的工资基数，在此基础上进行弹性绩效考核。以2个月或者3个月为一个考核周期，加大对符合报纸转型趋势的稿件版面的引导力度，鼓励记者、编辑积极探索，共同推动报纸转型的新思路和新举措。

2.探索产品孵化考核

产品考核在电视台、广播电台已经实行多年。广播电视业推行制播分离模式，将频道资源和市场资源相结合，真正树立了用户意识和市场意识，广电节目的整体质量不断提高。近年来风靡全国的电视节目，如《中国好声音》《中国达人秀》等都是电视台和专业制作公司共同合作的产物。都市报在产品考核方面尚未起步。尽管也有些不错的新闻栏目，但因缺乏产品意识和整体的规划与推介，这些栏目只是作为报纸的一个组成部分而存在,因而收效甚微。

电视台的一个知名栏目能吸引人数较多的观众群体,而都市报具备如此吸引力的栏目却少得可怜。造成这一现象的原因在于,电视栏目实行独立运作、栏目考核,由独立的团队或公司负责栏目制作,并与其收入直接挂钩;都市报实行人员考核,没有专人或独立的团队负责新闻栏目,更多的时候由部门负责,与个人考核没有挂钩。

都市报本身作为一个产品,由更多的子产品如新闻栏目、新闻版面、新闻稿件、新闻策划、新闻活动等组成。现有的考核制度尚未真正触及产品层面,仍然通过对人的考核来间接推动产品,而非通过产品考核来带动人,导致报纸产品及子产品缺乏创新动力和用户意识。尽管都市报也推出了很多创新措施,但缺乏产品考核的许多措施只是"昙花一现",无法持久。一位都市报常务副总编辑在 2015 年年初的内部例会上感叹:"我们有些策划三分钟热度,过了新鲜劲儿或者中间不太如意就中断了,创意很好但都没有坚持下来,灵光一闪就没了,成为遗憾。有些栏目只要坚持下来就会成为品牌。这些栏目既然把大家的热情发动起来了,就要善始善终,坚持做下去。要有分工,要责任到人。在比较平淡时,发挥主观能动性,加强策划,集思广益;在比较热时争取出些精品,形成影响。"[①]

在都市报转型之时,产品的生产越来越需要不同部门的联合协作、统一策划、持续推进与配套服务。都市报应该按照转型的需要,明确方向,设计符合转型要求的产品,探索建立产品孵化考核制度,鼓励个人或团队投身到产品孵化创新中,给予员工充分的自主权和资金、人力等配套支持,通过试错不断修正方向,最终找到适合自身的产品。

(二)人才使用转向

新闻业是一个高智力、高创造性的行业,能否充分发挥从业者的

---

① 某都市报内部例会纪要。

积极性和创造性,将直接影响到新闻产品的生产和创造,特别是在转型的关键时刻,它关系到都市报转型的成败与否。

不少都市报已经意识到了人的重要性。2015年年初,上海报业集团党委书记、社长裘新在年度工作会议上谈到:"组建上报集团的最终目标,是扩大主流媒体的影响力。影响力靠谁来扩大提升?就是靠人、靠人才队伍、靠人才优势。人才是报业最大的、唯一的'软实力'。所以我们讲,如何激励人,是报业集团深化改革永恒的一号课题。"[①]

目前,都市报的人力资源结构以记者、编辑和广告经营人员为主体,缺少技术人员、社交媒体人员以及用户拓展人员。都市报转型在人方面面临两个主要问题:一是都市报人力资源存量的利用问题,即如何调动报社现有从业人员积极投入到转型中;二是都市报人力资源增量的提升问题,即解决转型过程中的人才短缺问题。现有人才是都市报转型的主力,紧缺人才是转型的骨干甚至关键性力量,二者不可偏废。

1.单一的职务晋升转向多元的岗位价值

都市报多是具有行政级别的党报集团下的子报,因而不可避免地带有"官本位"的色彩。尤其是近年来,都市报的发展进入"胶着期","官本位"思想对都市报的侵蚀表现得更为明显。同时,都市报又存在着不同于政府公务员的用人体制。

在都市报创办初期,市场经济是推动都市报发展的主要动力。20世纪80—90年代是都市报发展的黄金时期,记者的社会地位较高,收入远远超过其他行业,因而都市报吸引了大批其他行业的人辞职加盟。随着"黄金期"的逝去,都市报新闻从业者的收入并没有随之而增加,而工作强度却在不断扩版和竞争加剧下不断加大,都市报从业者

---

① 裘新:《深化改革 深度融合 深远发展:在互联网时代继续我们的征途》,检索于 http://www.jiemian.com/article/236487.html。

整体进入了"职业倦怠期"。

当年,记者的社会地位和收入让一批人扔掉"铁饭碗"进入这个行业;如今,记者的社会地位回归平常,经济收入与其他一些行业相比已经没有优势甚至处于劣势,职业上升渠道又是单一的职务晋升制,因此出现了记者辞职去报考公务员的现象。在政府公务员队伍中,职务与职级并行的制度使职级升迁有着明确的时间年限,而收入主要是和职级而非职务挂钩的。

都市报应着力打通业务上升渠道,为业务岗位分档,使收入与业务岗位挂钩,摆脱单一的与管理职务挂钩的升迁机制。报社内部的业务岗位可以划分为若干档次,如初级业务岗位、中级业务岗位、高级业务岗位,每个岗位对应不同的收入,高级业务岗位收入与报社高层收入相当甚至有所超越。这一方面可以解决报社人员职业上升渠道狭窄的问题,另一方面也能使业务骨干安心长期留在采编一线,从而为提升报纸品质发挥更大的作用。2015 年,上海报业集团试点采编职务序列改革,明确提出将专业职务序列和行政业务管理序列分开,并进行薪酬体制的配套改革。"一个科学合理的薪酬结构包含两个部分:既要保证基础性收入,让人静下来、沉下去,安心做事;同时又要通过绩效激励,让人动起来、冒出来,焕发活力。"①

2.用人导向转型:薄弱环节人才的发现和使用

都市报的传统优势在于内容,报社中记者、编辑最受重视,广告经营人员次之,印刷和发行人员最弱。通常情况下,都市报中的记者、编辑均来自统一招聘,学历最高,属于有正式编制的员工;广告经营人员为合同制员工,印刷和发行人员特别是发行人员多为临时工。这种以

---

① 裘新:《深化改革 深度融合 深远发展:在互联网时代继续我们的征途》,检索于 http://www.jiemian.com/article/236487.html。

记者、编辑为主的人力资源结构与当前都市报转型难以推动有着密切的关系，转型的短板在关系、渠道、终端环节上，而在这些环节上都市报基本处于无人可用的状况。

相反，互联网企业的人力资源结构以技术人员为主，这与互联网产品的研发、推广和技术的开发创新密不可分。例如，百度搜索引擎背后是大量的搜索技术支撑，阿里巴巴交易平台有大量支付安全保障技术的保护。

都市报转型在技术研发、用户拓展、数据分析、综合服务等方面急需人才。因此都市报的用人导向应转向技术、市场、用户而不是停留在传统的拓展采编人员的思路上。一是加大与技术型公司的合作，解决技术人才缺乏的问题。比如，通过股份制成立新公司用以开发产品，都市报派出负责内容的人员，软件企业派出负责技术的人员，双方围绕用户需求进行合作研发。普通的技术人才招聘很难招到符合都市报转型需求的技术人才，并需要较长的磨合期，而一些互联网公司、软件公司在技术人才储备上比较丰富，都市报可以通过与其进行股份制合作的方式，利用利益关联，打通行业界限，实现人才流通。

二是鼓励现有的采编经营人员向都市报转型急需的人才方面转变。目前都市报采编经营队伍以年轻人为主，整体素质较高，接受新事物的能力较强、可塑性较强。都市报要充分利用好现有的人才队伍，根据转型需求和个人意愿，对现有人才队伍进行培训，创造良好的环境，鼓励他们从现有的采编岗位转到转型急需的新岗位上去，逐步培养既懂采编业务，又了解市场、用户等其他环节的复合型人才。

第六章　强化关系:都市报转型的路径选择

都市报转型应回归都市报价值这一原点,即都市报与用户的关系重构。关系重构的根源在于用户的地位和需求都发生了改变,都市报要真正去满足用户的多种需求。这种满足不再是传统新闻业时代对信息的单一"提供",而是将信息和服务进行双重"嵌入",从内容、服务、渠道、终端四个面向入手强化关系,实现都市报对用户生活的深度嵌入。

然而现实情况却是,都市报能提供给用户的产品太过单一,报纸内容质量有待提升,报纸发行经常不及时,缺乏阅读反馈与个性化服务。种种因素叠加起来,导致都市报价值的衰落。

只有让都市报成为用户的生存方式和生活方式,其价值才能持久。以百度搜索为例,作为搜索引擎,其主要价值在于信息查询。然而,百度搜索引擎在搜索技术的基础上开发了百度地图、百度音乐、百度文库、百度翻译等众多产品,形成了一个多方位满足用户需求的产品圈:出门在外用百度地图查询地址、线路、交通工具及乘坐方法,满足了用户的出行需求;休闲娱乐用百度音乐搜歌听歌,满足了用户的娱乐需求;外文翻译用百度翻译,满足了用户的学习、工作需求等等。百度在搜索引擎的基础功能上实现了对用户多方面需求的覆盖,成为用户须臾不能离开的"必需品"。

都市报离这一目标还有很长的路要走。都市报转型应以社区化思维为主导，围绕内容、服务、渠道和终端，构建起以内容和服务为核心的都市报生态圈，实现对用户生活的深度嵌入，变与用户的弱关系为强关系，最终实现都市报价值的重构与提升。

第一节　社区化思维

"互联网思维"作为媒介融合的指导思想，其内涵是专注于细致，依托互联网强大的技术优势，实现对用户需求的个性化、精细化满足。都市报价值消解的根源在于互联网时代用户有了更多元、更自由的选择。要想重构都市报价值，就要为用户的自由选择建立一个新的"边界"，从而在边界内实现都市报价值的重聚。这个边界就是社区的边界。

一、社区与都市报价值

最早提出"社区"这一社会学概念的是德国社会学家 F. 滕尼斯（Ferdinand Tönnies）。1881 年，他将德文 Gemeinschaft 一词用于社会学中，并在 1887 年的著作《社区和社会》中对"社区"和"社会"两个概念进行了比较。后来，美国学者查尔斯·罗密斯（C. P. Loomis）将 F. 滕尼斯的 *Gemeinschaft and Gesellschaft* 翻译为 *Community and Society*。1933 年，我国著名社会学家费孝通先生将"Community"译为"社区"。

对"社区"的诸多定义可以划分为两类：一类是功利主义的类型，即具有共同目标和共同利益的社会团体；一类是地域性质的类型，即一定地域内共同生活的有组织的人群。绝大多数定义都包含三个方面的含义，即社会交往、地域、纽带，这是社区的三个核心要素。

丁元竹、江汛清在《社会学和人类学对"社区"的界定》一文中认为:"社区应当是指可以满足居民基本需求的居民点,包括村庄、集镇、都市和大都市内部的各种生产和生活区。"[①]社区是介于邻里和区域之间的一个社会学和人类学范畴。

"社区是进行一定的社会活动、具有某种互动关系和共同文化维系力的人类群体及其活动区域。"[②]社区是社会存在的最小单位——家庭之上的最基础的公共空间,在这个公共空间内可以满足居民的多种生活需求。近年来,随着我国改革开放的深入推进,城市社区化特征愈发明显,社区成为广大市民在城市里居住和生活的最基础单元,承载了诸多社会功能。

改革开放以来,特别是进入 21 世纪的十多年来,诸多改革让城市居民从"单位人"变成了"社会人":传统的单位大院的格局被打破,房地产业的快速发展,外地人口的大量涌入,商品房的大量销售,为社区的形成打下了空间基础。城市人群开始按照自己所居住小区的位置、价格、档次进行再一次的分流和归类。

由于我国城市土地的相对紧缺,人口居住呈现高密度性,通常以房地产开发的楼盘小区为基础形成一个社区。决定是否居住在某个社区的主要因素是房屋的购买力。同一个社区的居住人口并非都是相同阶层的人士,但该社区的居民在受教育程度、经济收入水平、生活方式、审美情趣等方面相比其他人群有着更多的共同语言,容易形成相对稳定的用户群体。因而社区更容易成为报纸特别是都市报未来生存和发展的最大空间。一个用户可以不关心自己所在城市的新闻,但不可能不关注自己所在社区的新闻;即便不关心自己所在社区的新

---

① 丁元竹、江汛清:《社会学和人类学对"社区"的界定》,《社会学研究》1991 年第 3 期,第 4 页。

② 郑杭生主编:《社会学概论新修》(精编版),中国人民大学出版社 2009 年版,第 224 页。

闻,也必然会关注自己所在社区提供的服务。

互联网的出现让大众分化,社区的存在使分众聚合。社区是都市报实现分众化传播、精准化服务的基本组成单元,也是最重要的覆盖区域。都市报作为纸质媒体,不可能做到像互联网等新媒体那样精准到个人地按需定制,这是由传播介质特征所决定的。然而,都市报一旦能做到对某个社区居民按需定制,报纸与用户的关系就能保持稳定,报纸的价值便会因此而重聚。

二、沿社区化方向打造"纸、网、站"生态圈

都市报转型以社区化为转型方向,但不等于只办社区报。社区化意味着小众传播,服务小众群体。而社区报只是社区化大方向下报纸内容转型的一个支撑点,并不代表这个方向的全部。目前,都市报转型的措施,如办网站、App,办社区报等,相对封闭,没有真正实现报纸资源的整合流通。都市报转型重在以社区化为方向构造报纸生态圈。

社区化首先要贴近。最近的贴近就是与市民生活在一个社区内,了解市民的所思所想。这就要求都市报下沉至社区这个层级。影响用户信息关注度的重要因素是利益相关性,而社区新闻无疑是该社区居民最关注、与其切身利益最相关的信息。都市报如果能抢占社区这一阵地,就会在信息发布上抢占制高点。在社区新闻的传播上,比拼的不是信息的传播速度和内容深度,而是信息的贴近性。

社区化其次要服务。最好的服务一定是面对面的服务、人对人的服务。目前互联网媒体已经认识到单纯依靠线上服务的弊端,开始发展线下服务。而都市报具备向社区居民提供各种服务的能力。通过举办各种社区公益活动、娱乐活动等,都市报可以服务的形式影响并融入居民生活。都市报的服务能力有助于增强居民与报纸之间的黏性。

社区化最后还要开放。对都市报而言,社区化意味着要将封闭的

信息生产系统变为开放的信息生产系统,使用户从单纯的信息接受者变成信息接受者和生产者的双重身份,使报纸成为社区内部交流信息、流通意见的公共平台。

沿着社区化这个方向,都市报需要打造"纸、网、站"三位一体的生态圈。纸,就是都市报作为母体,社区报或地方版作为子体;网,指都市报网站、社区网站以及各类 App 应用;站,指社区编辑部(记者站)和社区服务站。在这个生态圈中,都市报的内容资源、读者资源等得以改变"孤岛"现象,实现自由流通。通过满足用户的需求,强化与用户之间的关系,都市报可以实现资源的保值和升值,从而保持价值的稳固和增值。

三、社区服务站的核心作用

都市报转型的核心是报纸与用户之间的关系。关系是皮,报纸是毛,皮之不存毛将焉附?单纯依靠内容已无法建立起都市报与用户之间的强关系。报纸内容具有可替代性,经过互联网的转载与信息整合,报纸内容可以呈现出比在纸质媒介上更为丰富的内涵。

既然单纯依靠内容不可行,那么谁能挽救都市报与用户的关系?当下用户地位的改变,自由选择权的赋予以及过去被压抑的需求的释放,导致实用性和娱乐性成为当前用户需求的最大特点。在娱乐性方面,都市报不是电视媒体、网络媒体的对手,因此留给报纸的转型途径就是充分利用自己的实用性。

都市报要主打实用性,就必须在服务上下功夫,而容量有限、缺乏互动的纸上服务很难与互联网丰富多彩、充分互动的网络服务相比。都市报需要以纸下实体服务为突破口,通过实体服务稳固自己与用户的关系。该实体服务可实现上门服务、面对面服务、零距离服务。

在"纸、网、站"三位一体的生态圈中,社区服务站对于都市报的重要性如同电脑之于互联网、手机之于移动互联网。社区服务站集渠道、终端、平台为一体，既能让都市报直接到达用户手中，也能作为都市报在社区的终端提供信息服务，同时还能整合各种资源直接供给用户。社区服务站解决了都市报转型的短板问题，也是都市报转型能否成功的关键。

社区服务站使都市报的内容与服务有机融合：通过都市报母报、地方版、社区报对用户群体进行分区域覆盖；通过整合各种社会资源和政府资源，将实体服务直接送到用户家门口；以网站和 App 手机客户端为依托，构建内容服务的线上版本。都市报可以借此实现内容与服务、虚拟与实体、线上与线下三个层面的结合，最终搭建起都市报的生态圈。

第二节　内容转型

"人们购买报纸的原因在于这些信息有价值。信息的品质看不见摸不着，但是却有选择的标准。那就是有益性（是否有意思、有用）、言论性（是否有明显的观点主张，是否发挥监督权力的作用）、影响性（对舆论的形成起了多大的作用），无论哪一点都和选择普通商品不同。所以读者希望从报纸处谋求的是在普通商品力的基础上追加有益、言论、影响三点，这才是'报纸的效力'。"①

都市报作为市民生活报，以满足当地市民信息需求为指引，报道新闻并引领、指导市民的生活。进入互联网时代，市民所处的信息大环境发生了较大变化，表现为信息疲劳与信息稀缺并存、浮浅喧哗与理性深刻并存、情感宣泄与真情流露并存。用户的信息需求亦发生了

---

① 〔日〕中马清福：《报业的活路》，崔保国、艾勤径、高扬译，清华大学出版社 2005 年版，第118 页。

变化,其对个性化、差异化、深度化信息的期待比以往任何时候都强烈。目前,都市报恰恰缺少与用户切身利益相关的有用信息,与用户产生观点共振、情感共鸣的情感信息,拨云见日、直达真相的深度信息,即缺少"用、情、深"的信息。

而要提供"用、情、深"的信息,都市报的内容就必须向本地化、深度化、人文化的方向转型。本地化即关注市民的身边事、身边人,为市民提供有用的信息和服务;深度化即满足市民的知情权,澄清传言,直达真相,维护社会公平正义;人文化即传递真情,共筑温暖,讴歌人性的真善美。

一、内容重构方向

都市报内容在时效、服务、信息超市上的三大传统优势正在逐步消解,都市报的内容价值正日渐衰退。时效优势的消解意味着发布权的丧失;服务优势的消解意味着贴近性的丧失;信息超市优势的消解意味着信息量大已经成为过去。要重构都市报的内容价值,就必须在信息解释、实体服务和信息内涵三个方面作出努力。

(一)从"拼时效、抢独家"信息发布权转向"重态度、重解读"信息解释权

都市报内容时效优势的消解,意味着都市报作为新闻事件发布者地位的下降,新闻事件特别是突发性新闻事件的第一时间发布权已经逐渐转移到互联网媒体手中。与此同时,一些信息发布机构如政府、公司等组织往往通过官方网站、微博等渠道发布信息,传统媒体对信息源头的垄断已被打破。都市报应该充分发挥纸质媒体便于深度阅读和反复阅读的优势,增加观点性信息和解读性信息的数量,通过评论、深度报道、连续报道等形式对新闻事件进行观点引领和深入揭示,抢占信息的解释权。

目前,多数都市报都能意识到信息解释权的重要性。比如,《华西都市报》总编辑方埜认为,在社会化媒体的冲击下,强化思想引领、价值优先是最为重要的立报原则之一——从单纯的事实报道转向新闻解读、新闻分析和趋势预判等更高层次的服务。

(二)从"综合性、分类化"虚拟服务转向"零距离、面对面"实体服务

过去,都市报通过新闻和广告等形式向大众提供信息服务,也通过举办活动的方式提供一些实体服务,总体而言以"综合化、分类化"的虚拟服务为主。当下,用户被互联网更加小众化、互动化的虚拟服务所吸引,都市报只有通过提供"零距离、面对面"的实体服务才能抵御冲击。这里的实体服务主要是指活动服务和社区服务。

都市报从虚拟服务向实体服务的转移,涉及都市报重新定位的理念问题。未来,都市报将从单纯的新闻机构向公益性机构转型,而提供实体服务将是转型的重点内容。以往,都市报的实体服务功能并不明显,主要表现在举办的各种社会活动上。今后,实体服务将承担起将都市报的影响力和资源从纸上延伸到纸下的整合输出作用。

(三)从"大信息量"的信息容量竞争转向"黏性"的信息内涵竞争

互联网时代,都市报所依靠的信息超市优势不复存在,都市报之间的扩版大战已经失去意义。今天的用户并不缺少信息,而是缺少具有"黏性"的信息。"黏性"信息或有很强的实用性,或有很强的深度性,或有强烈的人文性,总之能对用户有所帮助、有所触动,而不是简单的信息告知。内容的深度性和人文性一直是都市报的内容追求,而实用性则被长期忽视。

《齐鲁晚报》在2013年7月的改版中提出了"身边纸、有用纸"的理念,副总编辑王建廷认为:"报纸绝不仅是一张新闻纸,满足读者对'实用性'的需求是报纸应该着力强化的。追求'实用性'是人的本性,

抓住人的本性办报才能真正赢得市场。"①

二、内容转型路径

都市报的内容要实现真正的本地化、深度化、人文化转型,需要从新闻的采访、写作、编辑等多个环节进行改造,以用户的需求为衡量标准,改造都市报的内容生产系统。具体的改造路径包括新闻价值判断、新闻线索收集、新闻采访、新闻写作、新闻编辑等多个面向。

(一)新闻价值判断的转向:从传统的五要素转向接近性、实用性、深度性、兴趣性

新闻价值是新闻客体之于新闻主体的效应。随着互联网的出现,作为新闻主体的人在生活方式、工作方式、新闻需求等各个方面发生了较大变化。

都市报传统的新闻价值以时效性、接近性、显著性、重要性、兴趣性为要素,但这些传统的新闻价值观已不适应当前用户的新闻需求,主要表现在以下几个方面:

第一,过分追求反常性。都市报是以社会新闻起家的,对事情的反常性格外关注。比如,各大都市报都设有热线部(或称机动部),该部门的主要职责之一就是根据来电线索去现场采访,使得火灾、车祸这类突发事件的报道经常见诸报端,但这也使得报纸大多停留在报道死了多少人和分析原因的层面上。在现代社会,突发公共事件已经屡见不鲜,在这一背景下报纸仍把报道重点放在反常性上,势必已不能满足受众的新闻需求了。以车祸为例,与其关注车祸的伤亡情况,不如把重点放在车祸给受害人家庭带来的悲痛上,以引发读者的情感共鸣,让报纸更有人

---

① 王建廷:《做更纯粹的报纸的新闻——齐鲁晚报内容优化探索与思考》,《青年记者》2014年第12期,第17页。

情味。

第二,过分追求重要性。近年来,都市报的许多新闻报道和策划在努力向主流化靠拢。这种主流化主要以政府参与度和社会影响性两个指标来衡量。全国"两会"期间,许多都市报拿出了多个版面进行报道。每年召开的全国"两会"的确是我国的一项重大政治事件,但都市报对人民政治生活的关注仅仅停留在"两会"会议期间,无法做到持久。对新闻事件重要性的过分追求,有可能引起用户的接收疲劳,甚至使之产生逆反心理。

第三,过分追求显著性。在都市报的日常报道中,事件的显著性是其关注的重点之一。围绕典型人物和突出事例进行报道是都市报惯用的手法。然而,因为与自身生活的距离感,受众对这些典型人物和突出事例已经不再崇拜。相反,街头一位钉鞋匠一生平淡的故事可能更会吸引受众的眼球。

总体而言,都市报传统的新闻价值还停留在感官刺激的层面上,而这种感官刺激在互联网的海量信息面前显得根本微不足道。因此,都市报的新闻价值应从单一的感官刺激层面转向实用、理性和情感的层面,突出自己的接近性、实用性、深度性、兴趣性等要素。

接近性是指与受众的直接或间接的关联程度,报道受众的身边人、身边事,通过心理和距离上的接近与之产生生活中的交集和情感上的交流。美国北泽西媒体集团是一家"县级"规模的报业集团,主要面向位于纽约邻近的新泽西北部的两个县发行,该集团曾多次让试图进入该地区的《纽约时报》《每日新闻》等大报败北。其分管新闻的副总裁魏尔雯·维克细尔(Wehrwein Vexille)表示,"像《记录报》这样的在一个不大的区域内发行的报纸,它抵挡外面大报入侵的最有效武器就是本地新闻和服务信息。"①

---

① 苏荣才:《对话美国报业总裁》,南方日报出版社 2005 年版,第 286 页。

实用性是指对受众的工作生活起到指导作用，解答其在生活、工作、情感中遇到的问题和疑惑。

深度性是指通过深入细致的调查，把司空见惯的现象或被遮掩蒙蔽的事实真实、深刻地反映出来，让受众获知真相、了解内情。

兴趣性是指通过与受众的日常兴趣爱好对接，引发其阅读、参与的兴趣。比如介绍自行车骑行的报道并在报道的同时推出自行车骑行活动等。

(二)新闻线索的收集：从被动收集转向主动监控

传统的新闻线索收集主要采用被动式：一方面是读者或新闻线人的来信、来电、网上投送等；另一方面是记者所跑之"口"发布的线索或主动组织的采访活动。被动式的新闻线索收集方式使都市报新闻在整体上反映的社会图景与真实的社会图景发生偏差。当前民众和组织机构的媒介素养与过去相比普遍提高，越来越多的民众和组织机构懂得如何与媒体打交道，同时也知道如何利用媒体来维护自己的权益。"从消息来源的角度来看这场拉锯战，他们是否能够成功地接近新闻从业者至少取决于四个相互关联的因素：(1)动机；(2)权力；(3)提供适合的信息的能力；(4)与新闻从业者的地理或社会接近性。"[①]

主动提供新闻线索者带有各种动机：个人反映本人或与其有联系者所遭遇的不公正之事；组织机构想宣传工作成绩；职业线人为了收入。这些新闻线索除了反映工作成绩的以外，大多含有冲突、矛盾等因素，都市报有义务根据新闻线索进行采访调查。然而，如果这类新闻线索成为都市报的主要线索来源，都市报的新闻内容就容易被"绑架"。因此，我们看到都市报上的新闻主要分为两大类：一是政府机构

---

① 〔美〕赫伯特·甘斯：《什么在决定新闻——对 CBS 晚间新闻、NBC 夜间新闻、〈新闻周刊〉及〈时代〉周刊的研究》，石琳、李红涛译，北京大学出版社 2009 年版，第 146 页。

发布的信息,二是读者提供的一些冲突性事件。

都市报要想避免成为少数人和组织"发声"的工具,改变内容被"绑架"的状况,就必须变被动收集新闻线索为主动发现新闻线索。这无疑对记者和报社提出了更高的要求。

一是记者要走出办公室,深入到社会、社区中,主动发现新闻线索。报社要通过调整记者考核机制,鼓励记者主动走出去,发现市民生活中的新闻线索,从而让他们写出鲜活的、接地气的新闻。

但从目前来看,都市报记者在繁重的工作量考核压力下很难真正走出写字楼,去街头巷尾发现新闻线索。记者面临着工作量考核压力与时间成本的矛盾,通常情况下,记者会从熟悉的行业或所跑口的部门了解是否有值得报道的新闻线索。相比于出去主动发现新闻线索,电话联系的方式更为"高效"。

二是要建立新闻线索主动发现制度,并由专门机构负责执行。该制度主要负责监控网络上的新闻线索,密切关注政府、高校等组织机构的网站以及论坛、微博等,整理出有潜在新闻价值的新闻线索。目前,都市报收集新闻线索的方式仍以接听电话、网上投送等为主,主动监控新闻线索的力度不够且行为分散。

(三)新闻采访:从用户生产内容转向用户和专业共同生产内容

都市报传统的新闻采访仍以记者个人为主,考验的是记者个人的采访突破能力,即寻找采访当事人或见证人的能力以及还原事件、揭示事实的能力。限于记者个人能力等诸多因素,都市报报道反映的事实很难做到像当事人、亲历者了解的那样全面。这也是都市报虽然努力提升内容品质但却仍然停留在反映表象多、揭示真相少的层次的内在原因。

新媒体出现后,拥有了"话筒"的用户开始通过论坛、博客、微博、微信等途径发表意见,其中有些帖子、博客讲述的真相远远超过报纸揭示的深度。很多发帖人、博主本人就是新闻事件的亲历者，掌握着第一手资料，尽管他们在网络上的意见表达没有报纸的报道文字那么专业和流畅，但他们所揭示的事实却能够吸引不少眼球。用户话语权的崛起，一方面是对大众媒体专业性的一种消解，另一方面都市报又可以将其纳入自己的内容生产体系中，使新闻采访成为用户"自我表达"的有效途径。

都市报传统的内容生产比较封闭，专业性的新闻从业者垄断了新闻内容生产线，属于专业生产内容（Professional Generated Content，简称PGC）。今天，都市报要把用户从受众的位置推到生产者的位置，因为他们比新闻从业者更了解受众想看什么，有时候还能比新闻从业者提供更多的事实和真相。用户生产内容（User Generated Content，简称UGC）将越来越多地参与到都市报的内容生产中，用户与专业记者最终汇流，形成PGC和UGC相融合的内容生产模式。

美国的一些媒体已经就如何借助用户生产内容进行了实际而有成效的探索。《赫芬顿邮报》（*The Huffington Post*）从2007年7月开始启动了名为"Off the Bus"（OTB）的美国大选报道项目。这个项目最大的特点就是征集平民去报道美国大选新闻。对报名参加者，项目的组织者每周都会发给他们一个报道任务分配表，并告诉他们新闻报道的一些规则。在2008年的美国大选中，超过1.2万人参与了该项目，其中有1700名作家。这些分布在美国各地的平民记者将他们填写好的表格发回网站，由编辑根据收集到的信息编发新闻消息。这种"分配式"的新闻报道把信息的数量优势转变信息的质量优势，提供大量鲜活的细节，发现专业记者所遗漏或者根本无法到达的角落。因为任何一个媒体都不可能拥有数量如此众多且分布如此广泛的记者规模。该项目的策划者和负责人阿曼达·米歇尔女士（Amanda Michel）在《走下公共汽车——专业和业余混合新闻业的未来》一文中认为,他们发现了一个可行的专业—业余结合模式,这种模式不会取代传统的编辑部,但如果认真对待、妥善使用,这种模式将从根本上延长专业新闻的覆盖面和有效性。

目前我国的都市报也在一些栏目上进行了类似"众包新闻"的尝试,但总的来看还没有形成规模。

一是畅通用户自我表达的渠道。都市报应调整版面和栏目设置,固定一些栏目,设定一些话题,给用户一定的空间来表达意见。作为报纸,需要核实用户提供的稿件内容的重要信息,同时尽量保留稿件的原汁原味。

二是鼓励通讯员和市民记者写稿。通讯员队伍是都市报新闻线索和新闻内容的重要来源之一,但近年来限于报社内部机制问题,通讯员队伍逐渐萎缩,通讯员稿件质量不断下滑,不少通讯员的稿件沦落为工作总结,新闻性不强。都市报应充分调动他们的新闻写作积极性,鼓励通讯员和市民为报纸供稿,以此来丰富报纸新闻线索的来源,使报纸内容更贴近市民百姓。

三是增设 UGC 编辑岗位,负责指导用户的内容生产和核查用户供稿的真实性。未来都市报的 UGC 编辑,一方面要负责与用户进行沟通交流,对用户的新闻采访写作提供指导性意见和可操作性指南,以提升用户采访写作的规范性和有效性,同时负责把用户反馈的信息进行整合归纳,编发出符合都市报定位的新闻;另一方面,在纸端扩大用户自由表达空间的同时,UGC 编辑要严格审核、把关用户生产的内容,特别是涉及某些影响社会或他人的关键性信息,以免刊登后造成不良影响或引起法律纠纷。

(四)新闻写作:从以记者为中心转向以用户为中心

传统的都市报新闻文本以五 W 的"倒金字塔式"结构为主,该写作模式在当前的新闻写作中仍然发挥着重要作用,但也存在明显弊端。五 W 的写作结构突出新闻事件的具体信息点,如地点、时间、主角、事件和原因。在互联网时代,新闻的这五个基本要素传播得最快,很多用户在新闻事件发生的当天即通过网络媒体获知了相关信息,如果第二天新闻见报时,都市报仍然按照五 W 的方式呈现,对读者而言就是重复信息了。

互联网时代,新闻写作的思维方式要从"以记者为中心"转向"以用户为中心",身处用户的位置去思考,从用户的需要出发写作。当下,用户已经从对新闻五要素的关注转向了对更为微观、深刻和情感化要素的关注。这一转变对新闻写作而言意味着更加多元化的写作结构和风格,要求向人性化、深度化、自由化方向努力。

一是鼓励个性化的新闻写作。都市报的版面应从机械的产品流水线形式转变为自由的平台。在这一平台上,记者个性化的新闻写作得到鼓励。他们可以在保证基本信息不缺失的前提下抓住新闻中的某个要素展开写作,具体写作文体可以采取散文式、夹叙夹议式、白描式等。总之,文无定法,新闻写作也要大胆创新。

二是减少短平快新闻的数量。互联网时代,都市报消息的魅力已经不在,而深度报道仍有耀眼的光环。目前,都市报的新闻内容离精细化"耕作"还有很长的距离,具体表现为该短的消息不短,该有的深度报道缺少,内容结构比例失调。在新闻写作上,消息应该更短,从常规的 800 字规模进一步缩减,把空出来的版面留给个性化的新闻,留给深度报道。

国内不少都市报已经意识到这点,并开始朝这个方向努力。新京报副总编刘炳路认为:"新京报以后要'消灭'消息,全部报道为特色栏目。以前转载的东西可能太多了,甚至是比较琐碎的,所有的东西全部砍掉,进行差异化的竞争。大家可以看到,我们每一天除了要闻之外,会有一个杂志化的操作。对于当天的选题、当天重要的事情进行深度报道和专题化的操作。也就是说用以前操作消息的时间来做出当天深度化的内容,之后全是特色的栏目,包括深度、调查、大数据、重要案件性的报道,包括时政类的时局纵深等等。希望未来的报道是杂志化、深度化、视觉化和精品化。《新京报》原则上40%—45%的版面是做当天热点新闻的,另外40%—45%的版面是做特色、深度化的操作,只有15%左右做新闻资讯集纳。"①

(五)新闻编辑:从"静止"的信息整合转向"互动"的数据挖掘

都市报的编辑在过去面对来自记者的单一信息渠道时,处在线性内容生产流程中的末端,工作中缺少主动有为的空间。当记者采写的稿件进入编辑环节,编辑便对稿件进行修改、提升,并根据其他消息源进行信息的整合梳理。这类消息源一般是新华社、中新社、中央电视台等中央级媒体或者其他国内媒体。整体来看,传统编辑工作处于相对"静止"的状态。

目前,用户已经不再满足于仅仅知道发生了什么新闻,他们更关注新闻背后的因素。动态式的信息往往流于新闻的表象,背景式的信息则告之用户思想和观点。身处采访现场的记者在提供动态消息方面具有优势,而背景式消息的呈现则依赖于编辑的工作。编辑从传统内容生产的后方走向了前台,他们面对的不是新闻现场,而是纷繁复杂的来自各个渠道的数据信息。编辑的工作从面对单一的记者稿件转向了梳理这些看似杂乱无章的信息,并呈现其内在联系和深刻意义。

未来,都市报的编辑一方面要继续同一线记者打交道,另一方面要直接与用户互动,同时还要面对网络上的碎片化信息。编辑成为事

---

① 刘炳路:《在第四届北大互联网与公共传播论坛上的发言》,检索于 http://media. sohu. com/s2014/bdhlwlt/index. shtml。

实的综合信息处理平台,汇总各方面的信息并挖掘出真正的新闻,从而尽可能呈现新闻的原貌和背景。数据挖掘背后需要强大的数据支撑和广大有效用户的"互动",这无疑对编辑的素质提出了更高的要求。编辑必须提升自己的数据搜集能力、与用户互动的能力以及新闻信息的呈现能力。

数据收集主要依靠搜索引擎、各大数据库和网络论坛及其他数据站点。目前,都市报编辑在数据收集方面主要利用搜索引擎、网络论坛、微博等渠道,对于数据库的引进和应用还比较少。大多数都市报没有购买综合数据库和专业数据库,对数据库信息的应用还处在起步阶段。同时,都市报也没有建立自身的数据库。数据库的建设和应用将是未来都市报编辑提升信息挖掘能力的一个重要方面。

与用户的"互动"也是未来都市报编辑的一项重要职责。掌握着新媒体的用户本身就是信息源,用户地域分布的碎片化和认识的分众化可以为编辑提供更加宽广的视野和丰富的信息,使新闻报道更加立体化和全面化。在互动方面,以往都市报编辑与用户之间的联系以在报纸刊登征稿启事和活动通知为主,缺少统一的沟通平台,用户资源(特别是都市报的读者)比较分散,缺乏统一的整合,难以实现深度互动。一旦有新闻事件发生,都市报编辑很难在第一时间找到合适的用户进行"互动"并获取来自民间视角的信息。

未来,都市报新闻信息的呈现形式也将向多元化的方向发展。一方面朝着数据可视化的方向发展,增加图表的运用,将复杂、琐细的数字或关系通过图表的形式呈现出来;另一方面朝着信息关联性的方向发展,汇集来自不同信息渠道的碎片化信息,借助新闻的形式将这些信息连接起来,使之具备不一样的新闻意义。单独分布在各个角落的信息是没有任何意义的,但围绕着一定的主题或主线将它们连接起来,就能使之展现出完全不同的意义。这种信息关联可以以时间为线,实现从过去到现在信息的关联;也可以以地域为线,实现同一时期不同地域信息的关联。

第三节 实体服务

都市报一向以服务市民生活为办报宗旨,但这里的服务主要是依托报纸内容的信息服务,属于虚拟服务。在互联网出现前,都市报以内容信息为载体的虚拟服务为市民提供了衣食住行等各方面的便利,如天气预报、股市行情、交通出行等,这些信息属于"硬信息"。除此之外,都市报还刊登了大量消费生活类报道,为市民买车、买房、就医、孩子上学等提供各种建议,这些属于"软信息"。围绕市民的消费需求,都市报还创办了汽车周刊、房产周刊、教育周刊、旅游周刊等系列生活服务类周刊,并带动了相关行业广告经营的增长。

互联网出现后,都市报的服务优势被大量的生活服务类网站所取代,都市报的服务功能不断衰退,导致读者与报纸之间的黏性降低,以致读者流失。例如,各家都市报都设有汽车周刊,但作为纸质载体的汽车周刊,容量有限,缺乏互动,没有论坛,缺乏分享。相反,"汽车之家"网站上的汽车信息更为全面,既有汽车测评文章,也有汽车报价和汽车经销商的信息,并且为每款车开辟了互动论坛。移动互联时代,一些生活服务类网站陆续推出手机 App 软件,用户可以方便地在手机上使用,如上海的"实惠"、武汉的"车来了"、各地的"饿了么""美团外卖"等。网站与移动终端的夹击,使得都市报的服务价值日渐衰退。

在传统服务价值式微的状况下,部分都市报开始尝试打造网络购物平台以介入居民的生活,即向"媒体电商"转型。2012 年 8 月 6 日,《成都商报》联手四川红旗连锁打造的西南地区规模最大惠民惠农平台——买够网(mygo. chengdu. cn)成立。2014 年 3 月,《成都商报》创刊《社区电商周刊》。以"一刊(社区电商周刊)"、一网(买够网)、N 店(买够网京东店、微信店等)、多终端(2000 个中高端社区、1000 多家红旗连锁门店)为基础,《成都商报》打造出"放心生活"社区电商综合运营平台。"媒体电商"模式仍属于虚拟服务,同时面临着淘宝网、京东、亚马逊等电商巨头的竞争,前景如何还需拭目以待。

要重构都市报的服务优势,就必须重新定位都市报的服务方向。虚拟服务是新媒体的长处,都市报必须跳出虚拟服务的相对劣势,从单一的信息服务转向实体化服务,以"面对面"的实体化服务来应对新媒体"屏对屏"的虚拟服务,嵌入用户的工作生活中,从而增强报纸与用户之间的黏性,稳固与用户之间的关系。

一、服务实体化

都市报服务的实体化,是指都市报的信息资源依托一定的组织机构和实体,以经济活动等形式转化为非传统意义上的信息服务。比如都市报一直都在开展的各种公益活动、商品团购活动、房展、车展等统属于传统的服务实体化活动。现在,都市报必须进一步拓展服务空间,打通与用户关系的最后一公里,让实体化的服务和市民面对面,通过提供各种各样的实体化服务,弥补报纸信息虚拟服务的不足,使报纸成为用户生活的一部分,从而重构都市报的价值。

(一)建立社区服务站,提供贴近服务

未来,都市报与用户关系重建的空间在社区。社区是用户每天都离不开的最小公共空间,也是报纸媒体可以大有所为之处。都市报社区服务站承担着报纸社区编辑部、社区记者站、社区服务站三者的功能,可以做到报纸对社区居民的新闻定制化、服务贴近化。新闻定制化的方式之一是创办社区报,服务贴近化是为社区居民提供日常生活服务。

作为资源整合平台，社区服务站整合了都市报的各种资源，并直接对接社区层面，以面对面的服务强化报纸与用户之间的关系。社区服务站在社区服务方面可以发挥三大职能：一是联合政府各职能部门，将政府部门的各项服务职能延伸至社区，使居民在家门口就能办理各项业务；二是整合社会服务资源，将高质量的专业服务引入小区，为居民提供最优质的家政、健康、网络、送报等各种服务；三是为居民提供各种精神文化服务，通过开展各种文化讲堂和免费的文体培训，丰富居民生活，繁荣社区文化。

国内已经有都市报在建立社区服务站方面进行了实质性的探索。2014 年 9 月 20 日，《齐鲁晚报》在济南名士豪庭小区创办了齐鲁晚报名士豪庭社区服务中心，这是该报在山东省内设立的第一个社区服务中心。该服务中心是《齐鲁晚报》与济南市历下区姚家街道办事处以及名士豪庭二居等倾力携手共同打造的社区服务平台。社区服务中心的理念是："大事小情，我们奔跑在前；贴心服务，随时为您奉献。"依托社区服务中心，《齐鲁晚报》创办了《新姚家》社区报。

在深度访谈中，该服务中心负责人谈到了对社区媒体产业价值链的认识：

> 社区媒体产业价值链可以分为三个层次：一个是销售商品，这个最简单，比如卖大米、卖东西，这个做起来容易，但是壁垒最低，很容易被模仿和超越；二是提供服务，包括纯公益和有偿的。我们已经开展的教育培训、国学课堂都在此列，相对卖东西进了一步。而对于我们而言，社区媒体产业价值链的核心还是在于我们的品牌价值。怎么形成我们的媒体社区品牌？如果我们真正完成了覆盖每个家庭的社区用户的数据积累，把活的终端掌握起来，相信广告商一样会趋之若鹜。当然，实现这一目标需要一个过程，但确实需要我们

有一个战略的眼光,从现在起,脚踏实地去做。

比如说,当下,我们以社区"圈子"为重点,黏合读者,黏合资源,黏合价值。老年大学之所以火,并非教学的内容有多吸引人,老人们看重的就是这个属于自己的"圈子"。为此,我们将推出相应的社区活动,为深入挖掘社区商业价值创造条件。通过针对性较强的社区活动获取并累积社区用户的各类数据资料,从而帮助未来的商家精准地投放广告。比如说去年我们和广告公司合作的社区旅游节等。这种针对性较强的社区活动本身其实有很多企业都已经表现出浓厚的兴趣和合作意向,像很少在报纸上投广告的快速消费品企业,它们其实也对社区非常感冒和看重。

此外,我们还可以尝试与社会上的商业物流公司合作,真正实现对进入社区"最后一公里"的掌控。为了与社区服务的终端建设相适应,社区报应当进一步理顺和规范管理,使采编、经营到发行、广告的各个环节都有章可循,避免出现不该出现的问题。同时,建议对相关记者、编辑实行新的考核模式,以适应这一新生事物的发展。

建立社区服务站是都市报转型中一个非常有探索意义的措施,但社区服务站能不能正常地发挥预设的各种职能,这取决于都市报的整体规划设计。首先,在人员配备上,社区服务站的人员是来自都市报的记者、编辑,还是来自社区的物业人员,还是面向社会招聘,这都是需要认真考虑的问题。其次,社区服务站必须建立一个长效运作机制,保证它的服务功能能够持续不断地发挥,不会出现"三天打鱼两天晒网"的间歇性。社区居民与报纸的黏性关系需要稳定持久的服务来维持和巩固。再次,社区服务站在引入各种社会资源时,需要寻找到一个合理的商业模式,使之既能保证社区居民服务的质量,也能保证这种服务的可持续性。

(二)举办各种活动,让活动融入市民生活

举办活动对报纸而言是强项,特别是对改革开放之后创办的都市报而言,报道新闻与举办活动构成了都市报的两大基本工作任务。都市报举办的活动一般分为公益性活动和商业性活动,如植树造林活动、地震捐款活动等属于公益性活动,房展、车展等活动则属于商业性活动。过去,都市报举办活动主要出于社会效益和经济效益的双重考虑,公益性活动能树立良好的社会形象,商业性活动能获得可观的经营收入。但在今天,都市报举办活动还有了新的意义,即增强报纸与读者之间的黏性,强化二者之间的关系。强化关系这一意义对都市报而言,变得越来越重要。

对于用户而言,活动意味着需求的现实满足和自我归属感的实现。无论是对于报纸读者还是对于网友而言,媒体起到的都是中介桥梁作用,至于最终服务需求的实现,还要依托现实生活中人与人的接触。在活动中,都市报充当着发起者、组织者的角色,借助这一角色增强用户对媒体的信任感和依赖感。

今后,都市报应把举办活动提升到战略高度,这关系到用户关系的培养,关系着报纸的存亡。但目前,都市报的活动分散在报社的各个部门中,缺乏整合,造成了很多活动资源的浪费,活动的举办时间也容易扎堆,特别是每年年底,大型节日活动较多,活动时间分布不均匀。都市报在活动举办方面需要发挥传统优势,结合社会发展,针对新形势下用户需求的变化,创新活动的举办形式,提高活动的针对性和影响力。

一是整合活动资源,提高资源利用率。以《齐鲁晚报》为例,该报下属每个部门都承担着一定的活动,如深度工作室举办的“齐鲁大讲坛”活动邀请专家学者演讲,免费向社会公众开放;品牌运营中心每年都承办明星演唱会；时政新闻中心每年高考期间都会举行"助考生一笔之力"活动，向全省高考考生免费提供专业的考试用品，如 2B 铅笔等。这些公益性活动和商业性活动背后有着大量的潜在用户资源可供进一步深入挖掘，但目前缺乏统一的开发。比如，利用用户参加报纸活动的机会收集用户资料、建立用户数据库，并根据用户参加的不同活动将他们分类，然后针对性地推送活动信息；也可以把活动举办与订报相结合，增加报纸的发行量。总之，都市报在提高活动资源利用率方面仍有很多值得开发的空间。

二是提高活动的主动性和精准性，实现活动效果的最大化。都市报举办活动的主要流程是通过在报纸上发布活动通知或新闻，读者看到活动通知后报名参加，属于"广撒网式"的活动召集方式。这种活动策划缺乏对用户群体真实需求的调研，活动效果难以预测。今后，都市报应充分利用社区服务站、网站、App 等途径，定期对用户进行活动需求服务的调研，然后根据反馈结果适时举办活动。比如春天出游季节到来，报纸社区服务站可以适时推出一条旅游线路的活动策划，并向该社区所有家庭发放旅游线路征集意见表，之后根据收集上来的意见设计、开通一条符合多数人意愿的旅游线路。

二、服务日常化

都市报提供的传统服务往往比较单一，呈现出季节性、随意性的特点，缺乏统一规划和常态化。例如，某都市报在苹果上市时节搞了一次苹果团购活动，活动结束以后，还有一些市民打算购买，这就提示都市报可以把团购活动日常化和固定化。实际上，都市报的很多活动服务流于"一阵风"，结果没能让这些服务活动在培养用户黏性和惯性上收到应有的效果。

都市报应充分利用自己手中掌握的各种资源和渠道，统一对接用户服务需求，制订全年的服务活动计划，并相对固定服务的时间、地点和形式，保证服务的多样化和规范化。可以一方面利用社区服务站，送服务到家；一方面利用手机 App 软件，让服务随身走。

(一)以社区服务站为依托，打造家门口生活服务圈

居住在社区中的用户对服务的需求非常多样化，因而基本上所有的服务都可以进入社区范围内。都市报可以把社区服务站打造成一个服务平台，把社区的各种服务、政府服务以及报纸自身的活动服务进行统一整合，并向社区用户进行"推送"，服务范围可以涵盖家政、教育培训、医疗、出游、购物等多种需求。

一些开放式小区的楼道墙壁上贴满了各种家政服务的小广告，从搬家到修锁，从家电维修到室内装修。这些"牛皮癣"小广告的存在恰恰表明了社区居民对生活服务的旺盛需求，而这也是都市报以服务换黏性的空间。

服务信息既可以通过社区报的途径进入用户家中，也可以让用户通过社区 App 软件和社区网站下单定制。总之，可以让社区居民非常方便地实现定制服务。比如在社区报上刊载社区服务站能够提供的各种服务类别和统一的服务联系电话，用户打个电话就能预约上门服务。

(二)推出服务类 App 软件，打造移动生活服务圈

都市报在转型中对新闻内容青睐有加，推出了很多新闻类 App 软件，并以本地化新闻为主打，但当前用户的需求已经从简单的新闻信息需求转向了"实用、服务、有趣"的综合需求。因此，这此类本地化新闻到底能对用户产生多大的黏性值得思考。

新闻类 App 软件其实和报纸创办的新闻网站本质相同，是新闻载体由电脑向手机的迁移。都市报应该从新闻类 App 软件中跳出来，聚焦于服务类 App 软件。

　　截至 2015 年 1 月，浙江日报报业集团旗下的 App 软件共有 11 种，其中新闻类和咨询类有 5 种，分别是"无线瑞安""浙江 24 小时""浙江新闻""淘宝天下"和"爱海宁"；服务类有 2 种，分别是针对浙江高考的"淘志愿"和"浙江挂号平台"。其中"爱海宁"App 作为《海宁日报》打造的本地化生活服务应用软件，主打本地化新闻和服务，"我的周边"栏目可以查询美食、咖啡厅、电影院、酒店等信息，"优惠信息"栏目可以查询打折信息，"便民服务"可以链接到天气预报、违章缴费、公积金查询、社保基金、电费缴纳等子栏目（如图 6－1）。

　　类似"爱海宁"这种主打本地化服务的 App 软件符合未来都市报 App 软件的发展方向。本地化服务还要进一步细化、深化，达到"用户离不开、每天都需要"的状态，成为都市报巩固与用户之间关系的新的支撑点。

图 6－1　"爱海宁"App 软件界面

　　服务类 App 软件的本地化之路一是进社区，二是借力政府。App 软件进社区，是指将各种社区服务逐步整合，通过社区功能实现对用户居住物理空间的精准绑定，以便日后为用户提供各种精准的上门服务。比如开通社区物业费缴纳功能、社区服务定制功能等，用户在家中用手机登录 App 软件即可轻松获得订餐、家政等各种上门服务。同时，App 软件还可以借力政府资源，延伸政府给居民提供的各种公共服务，使居民在家门口就能使用政府的服务功能。比如，在 App 软件上开通政府服务预约功能。一个新建小区中的很多居民没有办理房产证,报纸通过 App 软件调研到居民的办理意愿(用户只需在 App 软件上选择"需要"或者"不需要"的选项)后,由都市报社区服务中心根据反馈数据联系当地房管局,协调工作人员到社区现场办理房产证活动即可。总之,服务类 App 通过进社区和借力政府,可以实现 App 软件的本地化、服务的细化与深化。

三、服务精准化

与互联网媒体相比,都市报在精准化传播方面存在明显劣势。通常情况下,都市报不知道自己的用户是谁,不了解用户喜欢什么,不知道用户在哪里(涉及 Who、What、Where 三点)。为了改变这种局面,都市报需要建立用户数据库。用户数据库对传统媒体的重要性不用多说,如何建、如何用才是更大的课题。

2013 年,浙江日报报业集团斥资 32 亿元购买了盛大旗下的游戏平台。该游戏平台的用户在 3 亿左右,活跃用户有 2000 万。这一并购的实质就是为了掌握用户数据。有的都市报通过邮局和自营渠道如网上订报等收集用户数据,逐步构建用户数据库。

用户数据库的建设不可能一劳永逸,对都市报而言,用户数据库完全可以一边建一边用。用好数据库不仅仅在于对用户资料信息的梳理归类,关键是能够提供符合用户需求的服务和信息。通过举办各类活动收集用户数据,同时根据用户数据推送今后活动的信息。比如某报组织了一次东北大米的团购活动,很多居民前来购买,在购买现场就可以通过赠送小礼品的形式收集居民数据,建立大米团购用户数据库。今后再举办类似团购活动时,报社便可以直接通过短信等方式通知居民。

同时,都市报还可以通过社区服务站和 App 软件收集用户资料,

并向用户提供精准化服务。《齐鲁晚报》社区服务中心负责人在谈到
社区服务终端时认为:

> 应加快各社区服务终端与新媒体的融合,打造并推广社
> 区服务项目 App 终端,积累动态数据。应当将社区用户数据
> 的积累放到战略角度来考虑,这可能是未来我们在社区产生
> 最大潜在价值的所在。目前,虽然大数据炒得火热,但真正
> 能将大数据应用到实际并产生商业价值的可以说还很罕见,
> 包括腾讯的微信在大数据的使用上也还没有成型。对大数
> 据的利用,最大的障碍其实是与个人隐私权的冲突。而我们
> 在社区通过与社区用户的亲密接触搜集数据,其实恰好可以
> 规避这一问题。
>
> 有时候,通过人搜集的数据其实远比机器终端搜集的更
> 为可靠。雅虎公司最早使用的搜索引擎的目录分类,就是完
> 全手工做起来的,当然后来落后于 Google,但应该说它符合
> 了当时的需要,使搜索更为精准。以前,我也觉得要把一个
> 社区中每个家庭的数据全部掌握是不可能的,但去年在办
> 《甸柳社区报》的时候,我参观了他们的数字化社区系统后发
> 现,他们其实早就做到了这一点,只要在系统上点击移动鼠
> 标,每个家庭的情况便一目了然。试想,如果我们掌握了一
> 个社区每户家庭的基本情况,对于广告商而言,这是多么诱
> 人。而如果济南可以做到 10 个,那么山东 17 城市各有 10
> 个,这将是一个巨大无比的资源。

第四节　渠道下沉

都市报要想与用户重建稳定的关系,就必须走纸、网、站相结合的

道路,实现报纸与用户关系的"圈对圈"转型。在这种转型中,渠道发挥着举足轻重的作用。与美国报纸相比,日本报纸受新媒体冲击相对较小的重要原因就在于日本报纸的专卖制和送报到户的户别配送制度。日本报纸的专卖店具有上门征订、上门送报、反馈意见、经营插页广告等四个主要功能,特别是"日本专卖店的工作人员一般在早晨 6 点 30 分前结束早投工作。一般每人每晨投递 400 份 32 版报纸。如有订阅晚刊的读者,下午 3 点到 5 点再上门投送"①。日本报纸发行渠道直达用户终端的模式对于稳定日本报纸的发行量和用户群体发挥了至关重要的作用,对于中国都市报也有很大的借鉴意义。

都市报作为传统的大众媒体,只有通过渠道下沉消除与用户的距离感,使都市报所能提供的内容资源、服务资源毫无障碍地直达用户,只有这样才能强化与用户之间的关系,实现都市报价值的重聚和增值。都市报转型可以依托报纸、网站和 App、社区服务站这三个载体构建生态服务圈:一方面对报纸进行细分,通过都市报的母报、区县版、社区报实现对用户群体的分众化覆盖,同时以网站和 App 软件为依托延伸报纸的服务功能;另一方面通过社区服务站的建立,打通与用户关系的"最后一公里",真正实现报纸到户、服务到门的面对面服务。

用户需求的分众化和个性化客观上要求都市报必须从大众传播转向分众传播。作为纸质媒体,都市报不可能像网络媒体一样通过海量信息和互动选择来实现这一点。然而,都市报在分众传播方面并非无所作为,目前国内都市报在这方面已经进行了一些有益的探索:一是针对特定区域、特定行业、特定人群尝试覆盖范围的分化和内容的贴近,实现都市报对区域市场的深耕;二是针对社区人群提供面对面服务,实现都市

---

① 陆小华:《新媒体观:信息化生存时代的思维方式》,清华大学出版社 2008 年版,第 250 页。

报对社区服务的下沉。区域市场的深耕和社区服务的下沉为都市报重新聚集了人气,使内容服务可以畅通无阻地到达用户。

一、都市报的母报和地方版

国内一些都市报正在通过"都市报母报+若干地方版"的模式,在内容上不断贴近当地读者,在市场上不断细分,以实现分众化、精准化传播。都市报正沿着从省级到地市,从地市到区县这样一个不断窄化的路径进行"裂变",以实现对区域市场的强力控制。在这方面做得比较成功的是《南方都市报》。《南方都市报》采取"2+6 珠三角城市日报群"模式。①

(一)地方版的新趋势

在国外,报纸地方版也非常流行。2010 年 4 月 26 日,美国《华尔街日报》推出了纽约地方版《大纽约》(*Greater New York*),与《纽约时报》展开同城竞争。《纽约时报》每天发行"纽约版"(面向纽约、新泽西和康涅狄格等区域)、"东北版"(面向华盛顿和波士顿区域)和"全国版"等版本。《洛杉矶时报》除了 1998 年年底推出的"全国版"之外,每天还在洛杉矶大都会地区、圣费尔南多峡谷、奥兰治、文图拉和南加州里弗赛德和圣贝纳迪诺等发行五种地区版。

"都市报母报+若干地方版"的模式正在成为都市报的选择。浙江《钱江晚报》创办了《杭州城事》《宁波城事》《浙中城事》《今日下沙》四个市区版,四川《华西都市报》创办了《川南读本》(覆盖宜宾、泸州、自贡、内江四市)和《川东北读本》(面向南充、达州、广元、巴中、广安、

---

① 《南方都市报》创刊于 1997 年,属于广东省级都市报,2000 年创办《深圳读本》,2002 年创办《东莞读本》,2003 年拓展至佛山、珠海、中山,2004 年进入惠州,2005 年进入江门,打造了"南方都市报省版+珠三角各城市读本"的模式,即"2(广州+深圳)+6(东莞、佛山、珠海、中山、惠州、江门)"模式。

遂宁等)两个地方版。

我国都市报的地方版成长路径与美国报纸并不相同。美国报纸创办时一般先在一个城市或一个地区发行,等报纸影响力扩大了以后再向其他地区扩张,甚至推出全国版。而我国的都市报则恰恰相反,创办时一般面向全省或者全市发行,然后再由省向市、由市向县下沉。这是由中美两国不同的报业体制所决定的:美国报纸是在市场经济充分发挥作用的条件创办并发展起来的,采取的是横向的跨区域扩张路径;而我国的都市报受行政条块的分割,在跨区域办报上有严格的限制,因而采取的是纵向的自上而下的区域扩张路径。

目前,"都市报母报+若干地方版"模式呈现出三个新特征。

一是纵向上向县域拓展,县域成为都市报新的增长点,一些地市级都市报向县域级拓展,在县(含县级市)纷纷创办县域版。如山东《烟台晚报》创办了《今日龙口》《今日招远》《今日海阳》《今日蓬莱》《今日莱州》《今日莱阳》六个县域版。

二是横向上向行业拓展。地铁和航空成为都市报横向拓展的重点行业。这些行业具备独特的空间和渠道优势,客流比较集中,阅读空间具有排他性。2012年7月5日,《南方都市报》在深圳港铁龙华线创办了地铁周刊《南都METRO》,周四出刊,免费发放。2013年8月,《南方都市报》与深圳机场集团联合出版《南都AIRPORT》空港月刊和周报,在深圳宝安机场发行。随着国内越来越多的城市开通地铁,未来地铁杂志会成为都市报新的增长空间。

三是地方版随母报一起发行,都市报母报根据发行的不同区域配置相应的区域报纸,一般采用"省版+若干地市版"或"地市版+若干县域版"的形式。《南方都市报》在广州发行的时候,报纸由"省版+广州读本"组成;在深圳发行的时候,报纸就变成了"省版+深圳读本"的组合。

(二)地方版的潜在风险

都市报"母报＋地方版"的模式存在着来自政府监管和市场容量两方面的风险。目前,我国报纸管理相关规定已经承认报纸地方版的存在,这比以往的规定已有所进步。根据原新闻出版总署 2005 年 9 月 20 日通过的《报纸出版管理规定》中第三章第三十二条规定:"一个国内统一连续出版物号只能对应出版一种报纸,不得用同一国内统一连续出版物号出版不同版本的报纸。出版报纸地方版、少数民族文字版、外文版等不同版本(文种)的报纸,须按创办新报纸办理审批手续。"这是"报纸地方版"这个称谓首次出现在原新闻出版总署的官方法规中,而在此前 1990 年颁布的《报纸管理暂行规定》中根本没有"地方版"这个称谓。

政府监管主要来自于国家新闻出版广电总局及各省市新闻出版广电局的行政监管。虽然相关规定承认了报纸地方版的合法地位,但都市报地方版仍然处于"能干不说"的模糊地带,一旦遭遇地区报纸的强力抵制,政府监管便有可能收紧。2007 年 9 月 20 日,湖北 17 家报社联名举报《楚天都市报》创办地方版,导致《楚天都市报》地方版被撤销。

从促进报业市场发展、繁荣文化产业的长远趋势看,都市报地方版对改善中国当前报纸结构中长期存在的"多、滥、散"状态,优化报纸结构,提高当地办报水平,增强报纸的舆论引导力和影响力等方面有着显著的作用。但限于目前报纸存在的行政条块分割及其背后的局部利益,都市报地方版仍面临着来自区域利益的抵制,这种抵制的效果又取决于政府的监管力度。

同时,都市报创办地方版的"红利"不断释放,未来区域报业市场的市场容量也将是都市报需要考虑的一个问题。都市报地方版在创办初期一般以直接复制母报办报模式为主,能较快地在当地市场站稳脚跟,但仍停留在传统的新闻内容传播层面。随着当地市场的饱和与竞争的加剧,都市报地方版在区域市场同样面临着转型的问题,如果仅仅复制母报传统的办报经验而不及时进行转型,地方版仍会面临价值衰退的困局。

在县域级市场,都市报面临着更多的非市场因素(如行政、人情关系等因素)对报纸发展的影响。对都市报而言,母报采编经营骨干的总体数量是固定的,每开辟一个新的地方版就要派驻人员。扩展至县域这个层面,都市报面临着人手相对不足、市场不熟的情况。同时,在县域一级,人情关系对报纸的采编经营活动有着巨大的影响:一个县城的流动人口较少,以本地人为主的人情关系在某种程度上比单纯的市场因素更能左右报纸的选择。笔者在深度访谈中了解到,都市报的县域版在创办初期会在当地选择一家有实力的公司将报纸广告全部外包。不少县域版还存在着"重创收、轻新闻"的倾向,导致其整体质量不高,连累都市报无法充分发挥出其转型的作用。

二、社区报的偏离与纠正

对于渠道建设而言,无论是传统互联网还是移动互联网,新媒体早已捷足先登,唯有社区还处于空白。社区是留给都市报的最后一块尚未开垦的处女地。

(一)中外社区报对比分析

目前我国社区报还处在刚刚起步的阶段,并不是真正意义上的社区报。我国的社区与英美发达国家的社区有很大的不同:第一,我国的社区在物理空间层面的成分更多,社区文化还处在孕育期;西方的社区有相对成熟稳定的社区文化,不是简单地停留在居民小区的物理层面的意义。第二,西方国家的社区自治程度较高,居民参与社区事务的程度较高,处于"小政府、大社会"的状态;我国社区自治还处在起步阶段，社区居民对社区公共事务缺乏参与热情，社区公共空间尚未真正形成，处于"大政府、小社会"的状态。

社区报的真正使命在于通过本地化新闻和服务性信息满足社区居民在该社区的多样化需求，建构居民的社区归属感，营造社区公共空间，推动和维护社区自治。目前我国都市报创办的社区报，一方面没有真正理解社区报的内涵，另一方面尚未结合我国社区的实际有所创新，仍处在复制都市报传统办报经验的阶段，将社区报办成了"小型都市报"。还有的社区报由都市报与当地社区所在街道办事处联合主办，办成了街道办的"机关报"。这两种办报模式都不适应互联网时代用户的需求，社区需要新型的办报模式。

社区报最大的优势和特点就是小众化，面向居住在某一特定区域内的人群发行，这个区域的人群具有对该区域的归属感和认同感。目前，不少报纸名为社区报，其发行范围却超出了社区，并不是真正意义上的社区报。比如《华西都市报》的《华西社区报》，虽然其名为社区报，每周五随正报发行，但并不针对某个特定的社区。

在美国，社区的概念多指小城镇而非我国居民小区的概念。尽管中美社区的概念并不相同，但美国社区报针对特定区域人群服务、发行的经验却值得我们借鉴。跻身美国最大的 20 家报业集团之列的社区报业控股公司旗下拥有 130 多家报纸，平均每份报纸的发行量只有 9000 份左右。该公司副总裁丹尼逊认为，社区报往往是覆盖一类具体人群的报纸，覆盖一两个或几个相邻近的社区，关注非常地方化的新闻，如果发行量超过 10 万份那就不能叫社区报了，应该叫地方报。

目前我国不少都市报也意识到了社区报面向人群的区域化、特定化特点，针对特定居住区域的人群创办社区报。比如，《北京青年报》截至 2015 年 1 月创办了 26 份社区报，每份社区报每期 8 个版。每周周三发行"三间房""上地""大兴""右安门""天通苑""亚奥""回龙观"

"四惠""田村路""北苑""东直门""广渠门"12个社区报,每周周四发行"顺义""方庄""朝青""通州""世纪城""望京""崇文门""什刹海""劲松""永定路""CBD""宣武门""亦庄""德胜门"14个社区报。上海《新闻晨报》于2011年成立了上海新闻晨报社区传媒有限公司,独立负责多版本的社区报,目前拥有35份社区报和2份行业报。

我国社区报多为免费赠送,这也与国外社区报的收费制不同。美国社区报均付费订阅,订阅价格比普通报纸便宜。美国社区报《桑德富先驱报》(The Sanford Herald)位于美国北卡罗来纳州桑福德,发行覆盖北卡罗来纳州中部4个郡,发行量8000份,每周6天出报,全年报纸订价为170美元,用银行卡订阅可打折到130美元,而《纽约时报》一年的订价是532美元。

(二)社区报存在的问题

目前我国社区报存在的问题主要表现在三个方面:

一是不少都市报盲目照搬西方社区报的办报经验,忽视了我国社区所具有的特殊国情,简单复制传统办报套路,把社区报办成了都市报的"缩小版"或机关报的"社区版"。

在西方国家的社区报中,新闻的比重很大,而我国的一些社区报也照搬西方经验,把社区报办成了新闻报。美国西北大学新闻学院读者研究院曾做过一次调查,调查显示,人们在社区报看得最多的内容,排在第一位的是讣闻,第二是社区宣示(社区活动和事务的预告),第三是婚姻和嫁娶新闻。支撑这些新闻内容的是美国的社区文化。在我国的社区中,居民多数互不相识,彼此也很少交流,更不会关心对方的生活,没有真正的社区公共空间。在社区尚未真正形成的当下,我国社区文化的整体性缺失无法为社区报的新闻内容提供支撑。因此,社区报上的新闻大部分采用了政府视角,带有浓厚的党报色彩,很难获得社区居民的认可。

与社区新闻相比，我国的社区居民对实用性社区信息和服务更为青睐。近年来，一些生活服务类资讯网站迅速崛起，如"58同城""赶集网""大众点评网"等，这反映了市民对生活服务类信息的旺盛需求。社区报与其在没有社区新闻的条件下艰难地走以新闻为主打的路子，不如在实用性信息和服务领域下足功夫。

二是除了主打新闻的办报思维外，社区报在我国水土不服的另一重要原因在于实体服务的缺失。互联网提供的信息类服务不仅数量大、分类多，而且查询方便，这些特点全面超越了都市报的信息服务能力。

要解决这个问题还需要回到社区服务站的根基上。社区报必须依托社区服务站，实现纸上虚拟和纸下实体的结合。比如在社区报上刊登服务信息，如果用户需要这些服务，社区服务站便能相应地提供这些服务，从而使社区服务站通过家门口服务的"功能捆绑"牢牢地抓住用户，成为社区报服务的综合性平台。

《齐鲁晚报》社区服务中心负责人透露：

> 我们已经拥有了5份社区报以及首个社区服务中心，今年我们将继续选择优质社区，再创办5份左右的社区报，并配套建设相应的社区服务中心，初步形成覆盖济南主流高端社区的服务网络。

> 社区报其实是我们进入社区的一张"通行证"，未必一定是纸质的。我们可根据实际情况采取不同的策略，在年轻人居多的新建社区，我们完全可以用新媒体的社区报取代纸质社区报；当然，在老人占主体的社区中，还是应当有纸质社区报的存在。采取灵活的策略，也有助于我们降低投入成本，有效规避风险，一旦纸质社区报成本过高，我们还可以迅速通过新媒体"接盘"。与创办社区报相比，社区服务中心的布局显得更为迫切，这是我们打造社区产业价值链的前提。

　　个人认为,社区服务中心的布局至关重要,我们应当通过管理、技术、品牌上的三重优势,构筑起行业竞争壁垒。借助这一壁垒的存在,使我们的竞争对手对这一块潜在市场望而却步,即使进入这块市场也要付出更大的成本和代价,从而无法对我们构成威胁。

　　我们要将名士豪庭社区服务中心打造成为社区服务中心的模板,进行复制推广。推出齐鲁晚报社区服务中心菜单式、标准化服务,不断丰富拓展社会化服务项目。打个比方,我们的社区服务中心应当像麦当劳、肯德基一样,提供服务方有着明确的操作规程,而接受服务方能够进行便捷轻松的选择。这就需要我们在建立之初就采用先进的管理模式。

　　三是很多都市报不理解社区报的本质,没有从根本上重视社区报的作用,只是把社区报当作可有可无的"点缀",并没有真正下决心办好社区报。不少都市报的社区报只是简单地复制母报经验,没有专门的人员和配套的机制进行整体运营,结果导致社区报质量不高、作用不大。

　　都市报办社区报最宝贵的意义在于通过社区报增进用户与社区报母报——都市报的黏性,从而保证都市报价值的凝聚和持久。从这个意义出发,社区报应该坚持以公益性、服务性为主,可以考虑赢利,但绝不能损害公益性和服务性。社区报就是守卫都市报价值的"卫星报"。都市报通过社区报的公益性和服务性赢得社区居民的黏性,从而确保都市报的整体影响力。

　　对都市报而言,高度重视社区报的发展事关都市报未来的存亡,同时又要以非营利的心态去办好社区报,让社区报真正扎根于社区、服务于社区。"在20世纪90年代的媒体暴利期,社区报几乎完全被大报的光环遮蔽,但是目前大报模式遇到了新媒体强劲的挑战,社区报的生存能力再度引起业界关注。但须知,社区报纸是一个低回报的媒体,对社区报人而言,出版报纸更多的是出于对新闻的热爱,社区报人被社区所需要的满足,而非以赢利为首要目的。"①

---

① 陈凯:《走进美国社区报:小的是美好的》,南方日报出版社 2011 年版,第 17 页。

结　论

当前,互联网的发展引发了整个社会的变化,催发了互联网经济并使之深入渗透到社会的各个角落,原先很多看似不可能的事情都在逐渐成为现实。各个行业都在互联网的冲击下不断发生变化,许多新的行业产生,如电子商务等,也有很多行业开始衰退,比如实体书店等。

互联网并不神秘,其本质是通过信息资源的互联互通来更好地满足人类的需要。互联网出现之前,人类也有很多需求,只是囿于技术的限制而没有实现。互联网出现后,人类很多潜在的需求被引导开发,很多事物的价值也发生了改变。例如,电话出现前,信的价值很大,"烽火连三月,家书抵万金";有了电话,写信的人越来越少,信的价值就开始衰减;有了手机,固定电话的价值又开始衰减。从哲学意义上看,任何事物的价值都是变动的,不存在恒定不变的价值。

都市报作为一个行业,其目前遭遇到的种种挑战,和其他任何一个传统行业类似。表面上看,都市报需要应对互联网的冲击;而本质上看,都市报需要对自身存在价值和定位进行重新思考和建构。以实体商场为例,传统商场在网络购物的冲击下变成了"试衣间",很多人只看一看或试穿一下,转而投向网络付诸购买行为。传统商场限于租金、人员等成本因素,在价格上无法与网店竞争。目前,很多传统商场转型为购物中心,将购物、娱乐、餐饮等功能叠加在一起,通过其中任何一项服务来带动其他消费,打造"一站式"消费。传统商场通过在购物功能上增加新的服务,打造相对完善的消费生态圈,提升了用户的消费黏性,从而实现自身的转型。

都市报自身功能的单一与可替代性,导致了其用户的流失。以实体书店为例,如果书店仅仅满足于售卖书籍,那么它在网上书店的低价冲击下便处于明显的价格劣势。同样的,都市报如果仅仅满足于提供内容,那么报纸本身也就没有太多的竞争优势。即便有所谓的内容优势,我国用户也没有付费阅读的习惯。有学者认为,可以拯救报纸的西方国家报业所采用"付费墙"并不适合我国。

近年来,国内都市报对转型之路进行了各种探索,但多数集中在内容领域。部分报纸也试图在服务领域上有所突破,但却把重心放在了购物网站的建设上。但电子商务领域已被阿里巴巴、京东等互联网公司瓜分殆尽,都市报转型为电子商务平台的空间有限。

都市报作为市民的生活报,其在我国的产生、发展有其特殊性。但作为一个行业来看,其发展历程符合报纸的普遍规律。本书认为,满足用户需求是都市报价值存在的根本。都市报应跳出报纸内容的束缚,通过服务带动转型。服务读者的生态圈所形成的报纸与用户关系的多点支撑,远比内容单点支撑更能巩固报纸与用户的关系。

都市报需要向互联网企业学习,在核心产品之外打造产品集群,通过产品集群"圈住"用户。以目前中国最大的三家互联网公司为例,腾讯公司以聊天工具 QQ 软件为平台,2014 年投资或收购公司超过46 家,其中游戏、消费生活 O2O、电子商务、移动互联网、文化娱乐等行业位列腾讯行业布局的前 5 名,如"58 同城""大众点评网"等背后均有腾讯持股;阿里巴巴公司在 2014 年先后进行了 40 次以上的投资收购,文化娱乐、电子商务、移动互联网、消费生活 O2O、SNS 社交是其投资重点；百度公司 2014 年虽然在投资方面相对于前两家较少，但也涉及了汽车交通、文化娱乐、教育培训、消费生活等行业。这三家互联网公司都在打造自己的生态圈，这个生态圈可以向用户提供多项服务，无论是用户旅游出行、购物订餐，还是理财、教育，服务内容渗透到了用户生活、工作的各个方面，实现了对用户需求 24 小时不间断的覆盖。虽然这三家是互联网公司，但它们早已从线上转向线下，实现了线上、线下的同步发展。

腾讯的核心产品是腾讯 QQ，阿里巴巴的核心产品是阿里巴巴网站，百度的核心产品是百度搜索，但它们的发展却没有停留在核心产品上，而是在核心产品之外不断创造新的产品，投资布局新的领域，构筑非核心产品集群，使核心产品和外围产品实现信息资源的流通共享，从而打造了具有独立性、包容性的生态圈。在各自的生态圈中，这些公司都具备向用户提供"一站式"服务的能力。与此相比，都市报的核心产品太过单一，基本完全依靠内容，忽略了渠道、关系、服务等环节。都市报将自身价值建立在单一的内容基础上本就不稳，而内容基础的诸多问题又使这种局面更加恶化。因此，都市报转型必须补齐短板、稳固长板，只有在渠道、关系、服务上有所突破，转型才有希望。

第一要树立社区化思维。社区化思维是一种服务思维，是向用户提供分众化甚至定制化的服务。社区化思维比互联网思维更具有可操作性和实际效用。互联网思维的本质是关注"长尾效应"下的用户，满足用户的个性化需求。正如阿里巴巴网站上每个用户的成交量可能不大，但当阿里巴巴把每个小用户集合到同一平台上时，它的成交量就大得惊人。每一个成功的互联网产品都是通过满足用户的个性化需求，把分散的用户集中起来形成巨大的用户群，从而实现其巨大的影响力和商业价值的。而要实现分散用户的集中，首先要了解用户的需求，围绕用户需求开发产品；其次要通过技术手段和营销活动圈住用户,并不断增强用户的使用黏性。2014 年,"快的打车"和"滴滴打车"两款打车软件为了争夺用户群体不断烧钱,其本质就是用户之争。对于都市报而言,技术是短板。然而,都市报完全有可能通过服务来弥补技术上的劣势,重新聚拢流失的用户。

都市报通过树立社区化思维,以社区为基地,向下渗透,直达用户,通过打通报纸各种资源之间的壁垒,构建面向用户的"家门口"服务圈。目前国内已有都市报在这方面进行了尝试,通过建立社区服务站和社区 App 软件,打通都市报与用户之间的"最后一公里"。这一实践的意义非常重大,一旦能施行成功,便将意味着都市报社区服务站会像当下人们普遍使用的微信一样,深度介入用户的生活,并比微信更具有实用性和服务性。

树立社区化思维与坚守都市报内容价值并不矛盾,二者可以相互促进。有了社区这个基地,社区新闻和社区服务相辅相成,都市报就有了根据地和立身之本,也因此更接"地气"。美国社区报在美国报业整体萎缩的情况下欣欣向荣,其根本原因就在于美国社区报从单一信息载体的报纸深度介入当地社区居民的日常生活中,成为他们生活的一部分。报纸不再是一张纸,而是由报纸的各种资源服务构筑起的一种生活场景,这是都市报转型的最高境界。

第二要发挥改革攻坚精神。都市报转型的关键在于都市报是否有魄力、有智慧打破现有的制度体系,从组织架构、人事制度、考核制度等多方面进行彻底的改革。转企改制目前在报纸中有所推进,但多数还流于形式。不少都市报成立了公司,身份上变成了独立的企业法人,但在实际运转中还处于"半事业化"的组织结构下,尚未真正建立起以用户需求为生产导向,调动新闻从业者积极性和创造性的体制机制。

人始终是转型中的核心因素,都市报转型归根结底也是人的问题。因此,要探索、建立都市报从业者转型的持续动力机制,使产品的生产者分享转型的收益,真正树立"主人翁"的身份意识。在这方面,互联网企业的一些做法值得学习:通过股份制等形式把企业的发展与个人的利益高度关联,使企业发展与个人前途高度统一。都市报作为意识形态领域内的国有资产,在这方面也可以进行探索。转型应该是自上而下与自下而上的双向推动模式,目前自上而下的单向领导推动模式很难调动执行层面推动转型的积极性。只有把从上到下每个人的智慧和力量集中起来,都市报转型才会有出路。

都市报面临的危险之一是人员的流失和现有人员的"离场"心态、"惰性"心态。有条件跳槽的人已经走了,还没跳槽的人正在盘算着跳到哪里,不准备跳槽的人开始"混"了。与转型理念的统一相比,凝聚人心和士气才是最困难的。这既需要改革现有的用人制度,凝聚价值认同,也需要拿出"真金白银"进行利益激励,双管齐下方能遏制当前人心涣散的状态。这是都市报内部制度和利益分配的一次再调整,需要魄力和勇气的结合。

第三要在社区化转型服务上下功夫。社区化转型是都市报未来转型的方向,支撑社区化转型的主要是服务而非内容。当然,内容在都市报的社区化转型中承担的任务也很重要,但内容需要借助服务才能充分发挥作用。报人对新闻有着天生的热爱,但今天必须把这种热爱转移到服务上,否则新闻只能孤芳自赏。互联网媒体对都市报的冲击不是胜在内容上,而是胜在服务上:站在用户的角度设计产品,让用户阅读新闻更便捷,赋予用户更多的选择,因此"今日头条"App才会那么风靡。

用户对新闻的需求不断下降是一种全球性趋势,消费和娱乐是用户需求的主力。深度阅读越来越少,快餐式的文化消费越来越多,阅读的意义不断被消解,消费主义盛行,相比于明白一些所谓的道理,现在的用户更注重消费过程中的体验。都市报转型必须看到用户的变化，采取"用服务圈住用户，用内容影响用户"的策略，服务主打黏性，内容主打影响。都市报圈住用户的服务可以走社区化之路，直接抵达用户的家门口，使自己成为其无法避开的选择。

本书回归都市报价值本源，澄清转型"迷雾"，直指未来方向，并结合实践提出了具体路径和方法，不拘泥于理论，不迷茫于实践，力图对都市报的转型起到一定指导作用。本书提出的转型方向和路径还需要在都市报转型的实践中进一步检验，毕竟都市报的生存环境比较复杂，发展也不平衡。然而我们坚信，都市报发展的未来在社区化。从内容、渠道、终端、服务四个方面进行社区化转型，下沉和贴近社区无疑可以让都市报从当前的徘徊中探索出一条具有中国特色的报纸转型之路。

不破不立，不经历涅槃的苦痛，绝不会有新生，都市报转型亦是如此。

参考文献

一、中文论文

陈亚旭:《中国地市报生存发展空间研究——媒介生态理论框架下的》,武汉大学新闻与传播学院博士论文 2010 年。

陈致中、韩季芝:《日本人的读报习惯与日本报业趋势研究——基于东京的实证调查》,《国际新闻界》2012 年第 4 期。

《本社同人的声明》,《大公报》1941 年 5 月 15 日。

刁毅刚:《〈纽约时报〉的内容数据开放和新闻客户端战略》,《中国记者》2012 年第 2 期。

戴玉松:《重新认识报纸价值,改办厚报为精报》,《声屏世界:广告人》2013 年第 5 期。

丁元竹、江汛清:《社会学和人类学对"社区"的界定》,《社会学研究》1993 年第 3 期。

方堃:《在融合与坚守中升华报纸价值——以四个案例解析华西都市报新一轮改版》,《青年记者》2014 年第 4 期。

高海浩:《媒体融合的核心是人的融合》,检索于 http://gb. cri. cn/42701/2014/10/31/5187s4748840. htm。

郜书楷:《付费发行:数字化报业发展之困境与出路——以美国〈纽约时报〉为例的深度分析》,《浙江传媒学院学报》2014 年第 21 卷第 1 期。

黄常开:《南都全媒体集群组织架构再造初探》,《传媒评论》2014 年第 1 期。

韩少林:《坚守主流价值 创新传播手段——楚天都市报应对新媒体挑战的探索与

思考》，《新闻战线》2012 年第 12 期。

匡文波：《关于新媒体核心概念的厘清》，《新闻爱好者》2012 年第 10 期。

刘炳路：《在第四届第四届北大互联网与公共传播论坛上的发言》，检索于 http://
　　media. sohu. com/s2014l/bdhlwlt/index. shtml。

刘洪恩：《日本报纸发行的特点》，《中国记者》2001 年第 12 期。

刘劲松：《都市类报纸的社会角色研究》，暨南大学新闻与传播学院博士论文
　　2011 年。

黎明：《新媒体环境下报纸媒体的价值重构》，《媒体时代》2012 年第 9 期。

刘鹏：《对网络时代报纸价值重塑的思考》，《传媒》2012 年第 12 期。

刘庆：《融合环境下媒体组织架构的调整与响应》，《中国记者》2014 年第 10 期。

刘琴、张金海：《传统报业的价值回归与现实判断——基于价值论的分析视角》，
　　《中国地质大学学报(社会科学版)》2011 年第 11 卷第 3 期。

刘琴：《美国报纸新闻 APP 现状与纽约时报经验借鉴》，《中国报业》2014 年第
　　3 期。

陆学艺：《中国社会结构的变化及发展趋势》，《云南民族大学学报(哲学社会科学
　　版)》2006 年第 23 卷第 5 期。

李玉悌：《信息图像时代的文字阅读》，《东莞理工学院学报》2010 年第 17 卷第
　　6 期。

刘智：《需求层次与新闻传播活动》，《新闻与传播研究》1990 年第 3 期。

林照真：《聚合对传统报纸转型的冲击:〈纽约时报〉与〈卫报〉的比较研究》，《新闻
　　学研究》2014 年第 120 期。

彭兰：《再论新媒体基因》，《新闻与写作》2014 年第 2 期。

裘新：《深化改革 深度融合 深远发展:在互联网时代继续我们的征途》，检索于
　　http://www. jiemian. com/article/236487. html。

任天阳：《南都再优化:更慢更优雅，更快更灵动》，《南方传媒研究》2014 年第
　　48 期。

《论阅报者今昔程度之比较》，《申报》1906 年 2 月 5 日。

《解释取缔小报标准》，《申报》1934 年 1 月 16 日。

谭臻、胡寿鹤：《论价值》，《现代哲学》1990 年第 1 期。

吴定勇：《接受美学视野中的都市报新闻传播策略——兼论城市化与都市报四个
　　市场形成》，四川大学文学与新闻学院博士论文 2005 年。

吴高福：《关于新闻与价值问题的思考》，《武汉大学学报（社会科学版）》1989 年第
　　6 期。

吴海民：《我看报业未来走势》，检索于 http://www.mediaok.net。

文汇新民联合报业集团：《网络时代的报纸创新和价值再造——2012 年中国报纸
　　创新与改版聚焦》，《新闻记者》2013 年第 1 期。

王建廷：《做更纯粹的报纸的新闻——齐鲁晚报内容优化探索与思考》，《青年记
　　者》2014 年第 12 期。

牛丹：《从"蜡烛效应"看报纸价值的理性重构》，《东南传播》2011 年第 11 期。

新华社新闻研究所国际传播研究中心：《数字化背景下的报业转型——纽约时报
　　创新报告》，《新闻与写作》2014 年第 6 期。

徐剑、苏昱：《开放 API 开放内容——〈纽约时报〉〈卫报〉的网络战略转向新途径
　　探析》，《新闻记者》2011 年第 4 期。

虞国芳：《西方报业全媒体转型"关键词"》，《传媒》2014 年第 3 期。

姚公鹤：《上海报纸小史》，《东方杂志》1917 年第 14 卷第 12 期。

姚君喜、刘春娟：《"全媒体"概念辨析》，《当代传播》2010 年第 6 期。

尹良福：《近十年来日本报业经营状况及其转型分析》，《新闻记者》2012 年第
　　10 期。

晏秋秋：《美国传统媒体转型初探》，《新闻记者》2014 年第 3 期。

袁诗弟：《价值是什么》，《四川经济管理学院学报》2007 年第 3 期。

杨雨丹：《言论差异与媒体公共性的建构——以都市报时评为中心的研究》，复旦
　　大学新闻学院博士论文 2012 年。

郑保卫、宫兆轩：《万壑树参天 千山响杜鹃——都市报十年改革与发展》，《编辑之
　　友》2012 年第 2 期。

曾建雄、刘劲松：《报业转型期都市类报纸发展路径选择探究》，《文化与传播》2012
　　年第 12 期。

张志安：《编辑部场域中的新闻生产——〈南方都市报〉个案研究（1995－2005）》，
　　复旦大学新闻学院博士论文 2006 年。

二、中文专著

白润生:《中国新闻通史纲要(修订本)》,中央民族大学出版社 2004 年版。

崔保国:《走进日本大报》,南方日报出版社 2007 年版。

陈国权:《新媒体拯救报业》,南方日报出版社 2012 年版。

陈国权:《报业转型新战略》,新华出版社 2014 年版。

陈凯:《走进美国社区报——小的是美好的》,南方日报出版社 2011 年版。

曹茹:《新闻从业者职业倦怠研究》,中国传媒大学出版社 2008 年版。

蔡雯:《媒体融合与融合新闻》,人民出版社 2012 年版。

邓瑜:《媒介融合与表达自由》,中国传媒大学出版社 2011 年版。

范东升:《拯救报纸》,南方日报出版社 2011 年版。

方汉奇:《中国新闻事业通史第三卷》,中国人民大学出版社 1999 年版。

傅绍万:《破译报业腾飞的密码》,红旗出版社 2012 年版。

戈公振:《中国报学史》,岳麓书社 2011 年版。

邰书错:《数字未来——媒介融合与报业发展》,人民日报出版社 2013 年版。

郭湛:《主体性哲学——人的存在及其意义(修订版)》,中国人民大学出版社 2011
年版。

蒋晓丽:《奇观与全景——传媒文化新论》,中国社会科学出版社 2010 年版。

李德顺:《价值论——一种主体性的研究(第 3 版)》,中国人民大学出版社 2013
年版。

刘海贵:《中国报业发展战略》,上海人民出版社 2006 年版。

陆高峰:《中国新闻人从业生态研究》,知识产权出版社 2013 年版。

李良荣:《新闻学概论(第 4 版)》,复旦大学出版社 2011 年版。

刘鹏:《竞争时代报纸的策略:趋势与对策》,山东人民出版社 2005 年版。

李鹏:《媒聚变——媒介融合背景下报纸转型研究》,北京大学出版社 2012 年版。

李楠:《晚清、民国时期上海小报研究——一种综合的文化文学考察》,人民文学出版
社 2005 年版。

李强:《转型时期的中国社会分层结构》,黑龙江人民出版社 2002 年版。

吕尚彬:《中国大陆报纸转型》,上海交通大学出版社 1970 年版。

陆小华:《新媒体观—信息化生存时代的思维方式》,清华大学出版社 2008 年版。

李孝悌:《清末的社会下层启蒙运动 1901——1910》,河北教育出版社 2001 年版。

罗以澄、吕尚彬:《中国社会转型下的传媒环境与传媒发展》,武汉大学出版社 2010 年版。

明安香:《美国:超级传媒帝国》,社会科学文献出版社 2005 年版。

麦尚文:《全媒体融合模式研究——中国报业转型的理论逻辑与现实选择》,中国人民大学出版社 2012 年版。

南方日报出版社:《新京报传媒研究(第三卷 纸媒转型)》,南方日报出版社 2013 年版。

冉华、张金海、程明、李小曼:《报业数字化生存与转型研究——基于产业发展的视角》,武汉大学出版社 2010 年版。

石磊:《分散与融合——数字报业研究》,中国社会科学出版社 2010 年版。

宋亮:《当代都市报研究》,中国书籍出版社 2013 年版。

苏荣才:《对话美国报业总裁》,南方日报出版社 2005 年版。

孙玮:《现代中国的大众书写——都市报的生成、发展与转折》,复旦大学出版社 2006 年版。

孙伟平:《价值哲学方法论》,中国社会科学出版社 2008 年版。

童兵:《理论新闻传播学导论(第二版)》,中国人民大学出版社 2011 年版。

唐亚明、王凌洁:《英国传媒体制》,南方日报出版社 2007 年版。

屠忠俊:《南十字星座下的新闻学思考》,华中科技大学出版社 2009 年版。

王斌:《传媒业空间形态演化研究》,中国人民大学出版社 2010 年版。

吴定勇:《都市报崛起之谜》,四川大学出版社 2005 年版。

王海:《博弈:反垄断与传媒集中》,暨南大学出版社 2009 年版。

韦路:《传播技术研究与传播理论的范式转移》,浙江大学出版社 2010 年版。

王萍:《传播与生活:中国当代社会手机文化研究》,华夏出版社 2008 年版。

王润泽:《中国新闻媒介史(1949 年前)》,北京大学出版社 2011 年版。

吴廷俊:《中国新闻事业史》,武汉大学出版社 2009 年版。

吴信训:《都市新闻学》,上海交通大学出版社 2007 年版。

王玉樑:《21 世纪价值哲学:从自发到自觉》,人民出版社 2006 年版。

吴增基、吴鹏森、苏振芳:《现代社会学(第五版)》,上海人民出版社 2014 年版。

《现代汉语新词语词典》编委会:《现代汉语新词语词典》,商务印书馆 2005 年版。

新京报传媒研究院:《新京报传媒研究(第三卷 纸媒转型)》,南方日报出版社 2013
　　年版。

许颖:《媒介融合的轨迹》,中国人民大学出版社 2011 年版。

肖燕雄:《微观新闻制度论》,中国传媒大学出版社 2008 年版。

杨保军:《新闻价值论》,中国人民大学出版社 2003 年版。

杨保军:《新闻精神论》,中国人民大学出版社 2007 年版。

袁贵仁:《价值观的理论与实践—价值观若干问题的思考》,北京师范大学出版社
　　2006 年版。

叶浩生:《心理学史(第 2 版)》,高等教育出版社 2011 年版。

尹良福:《日本报业集团研究》,南方日报出版社 2005 年版。

尹明华:《传媒再造》,上海三联书店 2007 年版。

杨溟:《媒介融合导论》,北京大学出版社 2013 年版。

郑保卫:《媒介产业:全球化 多样性 认同》,中国传媒大学出版社 2007 年版。

郑杭生:《社会学概论新修(精编版)》,中国人民大学出版社 2009 年版。

中共中央马克思恩格斯列宁斯大林著作编译局:《马克思恩格斯全集第 26 卷》,人
　　民出版社 1974 年版。

张书琛:《西方价值哲学思想简史》,当代中国出版社 1998 年版。

张书琛:《探索价值产生奥秘的理论—价值发生论》,广东人民出版社 2006 年版。

张咏华、曾海芳、柯文浩、刘鑫、郭玲:《传媒巨轮如何转向——移动互联网时代的
　　国际传媒集团》,南方日报出版社 2014 年版。

张志安:《报道如何深入——关于深度报道的精英访谈及经典案例》,南方日报出
　　版社 2006 年版。

三、中文译著

[美]本杰明·M·康佩恩,道格拉斯·戈梅里:《谁拥有媒体? 大众传媒业的竞争
　　与集中》,詹正茂、张小梅、胡燕译,中国人民大学出版社 2006 年版。

〔荷〕简·梵·迪克:《网络社会——新媒体的社会层面》(第二版),蔡静译,清华大学出版社 2014 年版。

〔美〕J. 赫伯特·阿特休尔:《权力的媒介》,黄煜、裘志康译,华夏出版社 1989 年版。

〔美〕保罗·莱文森:《手机:挡不住的呼唤》,何道宽译,中国人民大学出版社 2004 年版。

〔美〕保罗·莱文森:《新新媒介(第二版)》,何道宽译,复旦大学出版社 2014 年版。

〔美〕本杰明·M. 康佩恩、道格拉斯·戈梅里:《谁拥有媒体? 大众传媒业的竞争与集中》,詹正茂、张小梅、胡燕译,中国人民大学出版社 2006 年版。

〔美〕达洛尔·M. 韦斯特:《美国传媒体制的兴衰》,董立译,北京大学出版社 2010 年版。

〔美〕丹·吉摩尔:《草根媒体》,陈建勋译,南京大学出版社 2010 年版。

〔美〕菲利普·迈耶:《正在消失的报纸——如何拯救信息时代的新闻业》,张卫平译,新华出版社 2007 年版。

〔美〕郝伯特·甘斯:《什么在决定新闻——对 CBS 晚间新闻、NBC 夜间新闻、〈新闻周刊〉以及〈时代〉周刊的研究》,石琳、李红涛译,北京大学出版社 2009 年版。

〔美〕黑格尔:《哲学史演讲录第一卷》,贺麟、王太庆译,商务印书馆 1997 年版。

〔美〕亨利·詹金斯:《融合文化——新媒体和旧媒体的冲突地带》,杜永明译,商务印书馆 2012 年版。

〔美〕杰克·富勒:《信息时代的新闻价值观》,展江译,新华出版社 1999 年版。

〔美〕劳伦斯·格罗斯伯格:《媒介建构:流行文化中的大众媒介》,祁林译,南京大学出版社 2014 年版。

〔美〕罗伯特·斯考伯、谢尔·伊斯雷尔:《即将到来的场景时代》,赵乾坤、周宝曜译,北京联合出版公司 2014 年版。

〔美〕罗杰·菲德勒:《媒介形态变化》,明安香译,华夏出版社 2000 年版。

〔美〕迈克尔·埃默里、埃德温·埃默里、南希·L. 罗伯茨:《美国新闻史:大众传播媒介解释史》(第九版),展江译,中国人民大学出版社 2009 年版。

〔美〕威尔伯·施拉姆、威廉·波特:《传播学概论》,何道宽译,中国人民大学出版社 2010 年版。

〔美〕亚伯拉罕·马斯洛:《动机与人格》(第三版),许金声译,中国人民大学出版社
2013 年版。

〔美〕约翰·麦克马纳斯:《市场新闻业:公民自行小心》,张磊译,新华出版社 2004
年版。

〔美〕约瑟夫·R. 多米尼克:《大众传播动力学——数字时代的媒介(第七版)》,蔡
骐译,中国人民大学出版社 2004 年版。

〔日〕中马清福:《报业的活路》,崔保国、艾勤径、高扬译,清华大学出版社 2005 年
版。〔英〕戴维·莫利:《传媒、现代性和科技"新"的地理学》,郭大为译,中国
传媒大学出版社 2010 年版。

美国不列颠百科全书公司:《不列颠百科全书》,中国大百科全书出版社 1999
年版。

四、英文论文

Alan Rusbridger(2012),*Q&A With Alan Rusbridger*:*the Future of Open Jour-nalism*,Retrieved on http://www. theguardian. com/commentisfree /2012/ mar /25/alan−rusbridger−open−journalism.

Amanda Michel(2012),*Get Off the Bus*:*the future of pro-am journalism*, Retrieved on http://www. cjr. org/feature/get_off_the_bus. php? page=all.

Bentley,Clyde(2001),"No newspaper is no fun—even five decades later",*News-paper Research Journal*. 22 (4).

Bergman,C. (2011),*NYTimes*,*TV stations among 'most social' companies*,Re-trieved on http://lostremote. com/nytimes−tv−stations−among− most− social−companies_b20508.

Conference Papers(2012),*What Happens When Newspapers Fail? Studying the Demise of Seattle's Post-Intelligencer and Denver's Rocky Mountain News.* International Communication Association 2012 Annual Meeting

C. W. Anderson & Emily Bell & Clay Shirky (2012),"Post-Industrial Journalism: Adapting to the Present",*Columbia Journalism Review*, (11).

Donica Mensing (2010),"Rethinking (again) the future of journalism education", *Journalism Studies*, 11(4).

Leonard Downie Jr. & Michael Schudson (2009),"The Reconstruction of American Journalism",*Columbia Journalism Review*, 48(4).

Michael Tushman, Micheael J. Roberts & D Kiron(2014),*USA TODAY: Pursuing the Network Strategy*,Retrieved on http://s3. amazonaws. com/edcanvas —uploads/88483/dropbox/1373502693/USA%20Today. pdf.

Newspaper Next:A blueprint for transformation (2006),Retrieved on http:// www. americanpressinstitute. org/wp — content/uploads/2013/09/N2 _ Blueprint—for—Transformation. pdf.

Nord, David Paul (1984),"The business values of American newspapers: the 19th Century watershed in Chicago",*Journalism*,61 (2).

Pew Research Center (2013),*The State of the News Media* 2013: *An Annual Report on American Journalism*.

Prater, Bruce W. & Wang, Paul& Lavine, John M(1994),"Enhancing newspaper's value as local advertising medium",*Newspaper Research Journal*. 15 (3).

Rob Curley(2007),*Interview with Italian newspaper*,Retrieved on http://rob-curley. com/2007/01/18/interview—with—italian—newspaper/.

The New York Times Innovation Report (2014),Retrieved on http://www. presscouncil. org. au/uploads/52321/ufiles/The_New_York_Times_Innovation_Report_—_March_2014. pdf.

What is Copyleft? (2015),Retrieved on http://www. gnu. org/copyleft.

后 记

2012年3月,北京一夜之间银装素裹。清晨醒来,天地苍茫。我欣喜地踩着积雪,去赴博士入学考试的最后一门邀约。答题过程动用了全部智能,没有遗憾。放榜之日,荣列学院头名,得偿所愿。三年的人大生活,珍贵而短暂,赋予我执着前行的动力和信念。2015年3月,近15万字的毕业论文进入尾声,博士生涯也即将画上句点,心中有着许多不舍与怀念,感恩与感谢。

衷心感谢我的恩师郑保卫教授,没有他的提携,我可能至今仍徘徊在学术门外,迟迟找不到方向。在导师身上,我看到一位长者的虚怀若谷和蔼平易,也看到一位学者的执着勤勉、孜孜以求。郑老师虽年过花甲,却经常参加完会议,顾不上吃饭就去上课;为了新闻学学科建设和气候传播领域的开创,多方奔走,辛苦奉献。他曾讲过,战士战死沙场马革裹尸与学者累死在书桌前是同等荣耀。导师低调做人,踏实做事,从大处着眼,从小处入手,他为人、为学的品质,始终震撼、激励着我。

选择"都市报转型与价值重构"这一题目既出于多年来对报纸的热爱,也出于"朋友圈"里与记者、编辑的交流,更是因为得到了导师的鼓励与肯定。郑老师在多种场合提到,报纸转型不是找死,而是找活,是为了活得更好。我要做的,就是在其尚存之时思考转型的切实路径,这对于报纸这一古老媒体重获新生具有现实意义。

感谢为我在全国各地发放问卷的同学、朋友,感谢接受深度访谈的媒体朋友。你们的坦诚为我开启了丰富的思路,也为论文积累了宝贵的一手资料。

感谢人民大学为我授业解惑的诸位老师。于我而言,工作之后进入人大读博的机会难得,如何能从国内排名第一的新闻学院最大可能地获取一流教育,是我时常思考的问题。为此,我既注意吸收教学内容,又有意识地借鉴教学方法,希望对自身的教学水平有所裨益。

感谢我的父母,养育我长大,为我提供良好的教育机会,尊重我的选择,支持我的每一个脚步。在论文写作的整个过程中,他们肩负起照顾幼子的重担,不辞辛劳。没有大后方的稳固,何谈事业上的追求与进步。

感谢我的先生。相识相爱的十载春秋,我们为了学业几多离别。爱,是奉献,是理解,是成全,是双手紧握,是心望向同一个方向。

感谢我的儿子,他是上天于我最大的恩赐。从孕育到出生,这个善解人意的小家伙见证了论文从思考到纸端的整个过程。而这些文字也见证着生命这朵蓓蕾的点滴绽放:他学会了坐、爬、站,已然迈出人生独立的步伐。

特别感谢中国传媒大学出版社欣雯女士为本书出版付出的辛勤劳动!她的专业素养与敬业精神值得后辈学习。

感谢我的母校也是现在的工作单位——山东大学的培养与支持!本书受到"山东大学基本科研业务费专项资金资助"。

在学术这条路上,我才刚刚起步。唯有砥砺前行,才能无愧于师长、家人、朋友的关爱与信任!时代进步的脚步不会停歇,传媒改革的实践日新月异,学术研究也必将应时而变。希望自己以此书的出版为起点,百尺竿头,与时俱进。

任媛媛

2016 年 2 月于山东大学知新楼

图书在版编目(CIP)数据

都市报转型与媒介价值重构/任媛媛著.—北京:中国传媒大学出版社,2017.2
(新闻传播学丛书. 第二辑)

ISBN 978-7-5657-1900-4

Ⅰ.①都… Ⅱ.①任… Ⅲ.①报业—体制改革—研究 Ⅳ.①G215

中国版本图书馆 CIP 数据核字（2017）第 002918 号

都市报转型与媒介价值重构
DUSHIBAO ZHUANXING YU MEIJIE JIAZHI CHONGGOU

著　　者	任媛媛	
策划编辑	欣　雯	
责任编辑	蒋　倩　李　明	
责任印制	阳金洲	
封面设计	拓美设计	

出版发行　中国传媒大学出版社

社　　址	北京市朝阳区定福庄东街 1 号　　邮编:100024	
电　　话	86－10－65450528　65450532　传真:65779405	
网　　址	http://www.cucp.com.cn	
经　　销	全国新华书店	
印　　刷	北京中科印刷有限公司	
开　　本	710mm×1000mm　1/16	
印　　张	14	
字　　数	350 千字	
版　　次	2017 年 2 月第 1 版　　2017 年 2 月第 1 次印刷	
书　　号	ISBN 978-7-5657-1900-4/G · 1900　　定　价　59.00 元	